MISOGUG,

OU

LES FEMMES COMME ELLES SONT,

HISTOIRE ORIENTALE,

TRADUITE DU CHALDÉEN.

SECONDE PARTIE.

A PARIS,
Chez POINÇOT, Libraire, rue de la Harpe, près Saint-Côme, N°. 135.

1787.

MISOGUG,

OU

LES FEMMES COMME ELLES SONT.

MISOGUG ROI.

MISOGUG, toujours rempli du desir de revoir la belle Altéma, s'embarque pour Synopolis en maudissant l'étiquette : il demande en chemin si l'étiquette permet aux Rois d'écrire à leurs maîtresses ; on l'assure que non. Misogug pour le coup se moque de l'étiquette ; il s'enferme seul dans sa chambre, & y trace pour Altéma la lettre la plus passionnée ; il lui rappelle dans cet écrit, la promesse qu'elle lui a faite de l'époufer dès qu'il feroit Roi ; il lui apprend qu'il l'eft, la fomme, au nom de l'Amour, de venir à Synopolis recevoir fa main, l'engage à amener avec elle fes Chevaliers du Tau, & lui promet pour eux les premières charges de fa Cour. Il donne enfuite cette lettre à un courier du cabinet, lui recommande le fecret, & lui ordonne fur-tout de ne point revenir à Synopolis fans apporter une réponfe.

A peine monté fur le trône, Mifogug fut fâché d'être Roi : il l'avoit defiré pour avoir le droit de poffeder la belle Altéma ; mais le repentir empoifonna fes moindres jouiffances. Que vit-il en effet ? qu'apperçut-il autour de lui ? De bas flatteurs parmi les hommes, & pas un feul ami ; & chez les femmes l'unique defir de le fubjuguer par leurs charmes : chacune n'avoit plus qu'une paffion, celle de devenir fa maîtreffe, non qu'elles l'aimaſſent réellement, quoiqu'il fût le plus bel homme de ſes états. Un Roi ne l'eſt jamais pour lui-même; toutes vouloient régner avec lui; toutes vouloient partager ſa puiſſance, & comptoient pour rien ſes vertus. L'une lui faiſoit parvenir ſon portrait par les mains d'un courtiſan habile; l'autre lui montroit ſans ceſſe l'original paré de tous ſes atours; celle-ci ſe trouvoit ſur ſon paſſage chaque fois qu'il alloit au temple du Dieu Ibis; l'autre l'y attendoit ſur un balcon en face du dôme radieux, ſous lequel Sa Majeſté aſſiſtoit aux cérémonies publiques. Par-tout enfin, à chaque inſtant & à chaque heure, on l'inveſtiſſoit, on l'environnoit de pièges; & ſûrement il y auroit ſuccombé, ſi ſon amour pour la belle Altéma n'eût enlaidi à ſes yeux la plupart de ces inſidieuſes ſyrênes: leurs perſécutions l'importunoient au lieu de lui plaire; mais voici ce qui l'affligeoit réellement.

Daaroth avoit des qualités brillantes ; il aimoit la gloire avec ardeur ; mais il cherchoit trop à se la procurer par des conquêtes. La guerre avoit pris tous ses momens ; elle avoit fait tous ses plaisirs, & en mourant il avoit laissé son royaume dans un état déplorable ; les grands y opprimoient le peuple avec acharnement & sans la moindre pudeur, & le peuple y souffroit depuis long-tems tous les maux qui naissent du despotisme. Misogug vit ces maux avec douleur ; il songea vîte à les détruire, & en trouva facilement les moyens dans son ame sensible & humaine. Pour soulager ce peuple infortuné, il lui fit d'abord distribuer toutes les sommes qu'il trouva dans le trésor de son prédécesseur, & dit à un de ses courtisans, qui osa taxer de prodigalité cette juste bienfaisance, que Dieu l'avoit mis sur le trône de Synopolis, non pour être le gardien, mais le dispensateur de ses richeſſes. Elles ne ſuffirent point pour rendre ce peuple heureux, & l'on va voir juſqu'où Miſogug pouſſa la générosité pour lui aſſurer une ſubſiſtance honnête. Il paſſa une fois, en parcourant ſes états, dans une province plus pauvre que les autres, où il vit des femmes attelées à la charrue, & des agriculteurs qui mangeoient du treffle. Ce ſpectacle le révolta; il fait ſoudain arrêter ſon char, & demande pourquoi ces malheureux payſans en ſont réduits à cet excès de misère; d'autres payſans lui répondent que la province eſt ſurchargée d'impôts, qu'on les y lève de la manière la plus onéreuſe, & que manquant de beſtiaux & de pain, les femmes ſont obligées de labourer la terre, & les hommes à ſe nourrir d'herbes. Les chevaux attelés au char de Miſogug avoient des pompons de diamans de la plus grande richeſſe; Miſogug voyant le luxe d'un côté & cette diſette de l'autre, s'élance indigné hors de la portière, arrache les pompons avec vivacité, les distribue aux paysans, & leur promet de faire diminuer les impôts & d'infliger des peines terribles à tous les exacteurs quelconques. Il remonte ensuite dans son char, & pleure sur le sort des Rois, qui, condamnés par l'étiquette à végéter dans leur magnifique demeure, & sur-tout à ne jamais savoir la vérité, ignorent les malheurs de l'habitant des campagnes, & ne songent point à les terminer ou du moins à les adoucir.

Rien de plus respectable que les Prêtres, les Médecins & les gens de loi, lorsqu'ils remplissent leurs devoirs avec intégrité & délicatesse. Les Prêtres sont les interprêtes & les représentans de la Divinité; les Médecins, par le secours qu'ils donnent à l'humanité souffrante, en deviennent les conservateurs & les anges tutélaires; & quelles fonctions plus sublimes que celle du Magiſtrat qui protège la veuve & l'orphelin, & met ſous la garde des loix leurs biens, leur honneur & leur vie? Les Magiſtrats, les Médecins & les Prêtres de Synopolis n'étoient pas tous exempts de reproches. Ces derniers ſur-tout manquoient un peu de tolérance; & quel monſtre ſur la terre qu'un homme qui s'arroge le droit de venger Dieu! Miſogug leur donna un exemple de clémence qui leur étoit bien néceſſaire. Comme il s'étoit réſervé le droit de ſigner tous les arrêts de mort, un jour on lui apporta celui d'un malheureux artiſan, qui, chargé d'une famille nombreuſe, avoit volé dans le temple de la bonne Déeſſe une cruche d'argent, & qui, pour ce crime, avoit été condamné par l'Hiérophante à périr au milieu des flammes. Miſogug, en liſant cet arrêt, ne trouva point de proportion entre le délit & le ſupplice; il mande le criminel & les juges, & les interroge.

Pourquoi, dit-il à l'artisan, as-tu volé une cruche d'argent dans le temple de la bonne Déesse? Hélas! lui répond-il; je ne l'ai point volée; j'avois six enfans qui manquoient de pain, & ma femme extrêmement malade; après avoir vainement sollicité la pitié des hommes, comme je sais que la bonne Déesse ne porte pas ce nom de *bonne* sans raison, j'ai été la conjurer de me faire présent d'un vase qui lui étoit inutile, & qui pourroit beaucoup me servir; elle a écouté ma prière, & m'a permis de le prendre par une inclination de tête extrêmement gracieuse. Pouvais-je, ô grand Roi! pouvais-je refuser un don de la bonne Déesse? Et si j'ai fait mal en lui obéissant, n'est-ce point à elle plutôt qu'aux juges à m'en punir? Misogug alors se tournant vers les Prêtres & l'Hiérophante, leur demande s'il est possible que la bonne Déesse permette par une inclination de tête qu'on lui emporte un vase. Les Prêtres ne pouvant point le nier, sans nier aussi les miracles, assurent que la chose est très-possible. Eh bien ! ajoute-t-il, pourquoi enverrois-je cet artisan à la mort, & plongerois-je dans le désespoir ses enfans & sa femme ? Qu'on lui rende la liberté sur l'heure. N'est-il pas clair qu'en obéissant à la bonne Déesse, il n'a point pu commettre de crime ? Ce jugement étoit aussi ingénieux que sage, & les Prêtres l'approuvèrent. Cependant pour assurer les autels des Dieux, & les mettre à couvert des rapines & de tout brigandage, Misogug porta aussi-tôt une loi, par laquelle il étoit défendu à tout Synopolitain d'accepter des présens de la bonne Déesse, sous peine de la vie.

La leçon qu'il donna, peu de tems après, aux Médecins, ne fut pas moins utile à ses peuples ; il se souvenoit d'ailleurs d'un disciple d'Hermès qui, au lieu de le guérir, avoit disserté sur ſa maladie à perte de vue ; & depuis cette époque, il ne croyoit guères aux diſciples d'Hermès. Les Médecins de Synopolis ne valoient pas mieux que ceux de Babylone. L'Égypte étant un pays très-mal ſain, ils y étoient en grand nombre, mais les habitans ne s'y portoient pas mieux ; au contraire, ces malheureux habitans périſſoient tous par la faute de ces Eſculapes. Miſogug commença par en ſupprimer la moitié, & ſe réſerva le droit de faire ſubir à l'autre un examen ſévère. C'eſt lui qui les recevoit Docteurs, & qui interrogeoit ceux qui l'étoient déjà ſur leurs manières de traiter les malades. Un vieillard vénérable ſe préſente un matin à ſon tribunal, & Miſogug lui demande quels ſont ſes procédés & ſes principes de Médecine : il s'attendoit à un grand étalage d'érudition de la part de cet homme, & bailloit d'avance des doctes & longues réponſes qu'il alloit lui faire. Le vieillard, tout tremblant, lui dit en peu de mots qu'il ne ſait ni lire ni écrire, & que cependant il a été aſſez heureux, pendant la cours de ſa vie, pour ne tuer jamais perſonne. Ciel, s'écrie Miſogug émerveillé ! vous êtes Médecin depuis long-tems, & vous n'avez jamais tué perſonne ? Quel miracle ! Mais quel homme êtes-vous donc, & quels ſont les ſecrets ou les recettes que vous employez ? Ils ſont bien ſimples, répond le vieillard. Je n'ordonne jamais de purgation ni de ſaignée, & ne fais prendre à mes malades que de l'oximel, des juleps & de l'exercice. Quand ils ſont convaleſcens, je les nourris avec du pilau ; & dès qu'ils ſont tout-à-fait rétablis, j'exige d'eux qu'ils ne ſortent jamais de table raſſaſiés, mais toujours avec le deſir de manger encore. Allez, lui répliqua Miſogug, vous en ſavez plus que tous vos confrères. Dès ce moment, je vous fais mon premier Médecin, & vous invite à manger ce ſoir du pilau avec moi. Le pilau eſt un mets ſain & léger fort uſité à Babylone; je l'aime beaucoup, & vous eſtime encore davantage. Le pilau étoit du riz cuit, préparé avec du bon beurre ou de l'excellent jus de viande : il étoit fort en uſage chez les Orientaux, & le vieillard ignorant avoit voulu le mettre en uſage en Égypte. Le Roi ordonna que chacun prendroit du pilau au lieu de drogues médicinales : il fit fermer les boutiques des Apothicaires, & il n'y eut plus de malades dans Synopolis. Il pouſſa plus loin la précaution. L'eau du Nil ſe corrompoit quelquefois dans les canaux innombrables qui coupoient la ville, ce qui produiſoit de très-dangereuſes odeurs. Miſogug les fit viſiter ſouvent & entretenir avec ſoin; il voulut de plus que chaque citoyen brûlât tous les jours du ciphi dans ſes appartemens, baume exquis, dont la vertu est de purifier l'air, & qui changea la ville en une espèce d'orangerie ou de bosquet parfumé.

Il y avoit à Synopolis une coutume abominable, qui étoit de donner la question à des accusés innocens, contre lesquels on n'avoit point assez de preuves, & de les forcer ainsi par des tortures inouies à avouer des crimes qu'ils n'avoient point commis. Après avoir tout fait pour la santé de ses sujets, Misogug, pour affermir leur repos, devoit mettre leur vie à couvert de cet usage barbare. Voici comment il en fit sentir le danger & le ridicule : son palais étoit peu loin du temple de la Déesse Io, si révérée en Égypte sous le nom d'Isis ; & la statue de cette Déesse, qui étoit d'or massif, avoit des yeux de diamant. Misogug se glisse une nuit dans ce temple, dont il connoissoit tous les détours ; détache adroitement un des yeux de la Déesse, & le lendemain accuse lui-même de l'avoir volé, un ſoldat qui étoit de garde dans le périſtile. Éborgner une Déeſſe étoit un crime digne des plus grands ſupplices. Le ſoldat eſt ſoudain arrêté & conduit devant les juges, tout chargé de chaînes. On croit qu'étant accuſé par le Roi, il avouera tout, & rendra l'œil de la Déeſſe. On l'interroge ; il jure qu'il n'a point quitté ſon poſte de toute la nuit, & qu'ainſi il n'a pu éborgner la Déeſſe Io ; ſa noble fermeté irrite les juges, loin de les convaincre. Miſogug étoit préſent & ne diſoit mot. Le malheureux eſt condamné à la queſtion ordinaire ; elle conſiſtoit à plonger la main dans une urne pleine d'aſpics affamés, dont la morſure empoiſonnée faiſoit ordinairement périr l'accuſé dans des tourmens épouvantables. Le ſoldat ſe déconcerte ; il frémit à cet arrêt cruel ; il plonge la main cependant. Miſogug en avoit fait ôter les aſpics, & mettre à leur place deux jolis petits chiens qui n'avoient point dîné, mais dont la morsure ne pouvoit être funeste; le soldat retire sa main sanglante; il croit que le poison coule dans ses veines; & pour abréger une vie qui lui devient insupportable, il trahit la vérité, & s'accuse, en poussant des cris douloureux, d'avoir arraché l'œil à la Déesse. Il est aussi-tôt jugé comme sacrilège, & déjà on le conduit à la mort.

Arrêtez, juges inhumains, s'écrie Misogug d'une voix foudroyante! arrêtez, poursuit-il en tirant l'œil sacré de sa poche, & le posant sur un bureau! C'est moi qui suis le coupable, & voici la preuve du délit. Les juges étonnés se regardent & pâlissent; le soldat est rappellé: Misogug va audevant de lui, le rassure sur sa main blessée, renverse l'urne avec un saint courroux; les petits chiens en sortent, & aboient contre le Sénat trop sévère. Les entendez-vous, ajoute Miſogug en s'adreſſant aux juges immobiles ? Magiſtrats, les entendez-vous ? Tout ici vous reproche votre injuſtice, juſqu'à des animaux dénués de raiſon. Si vous oſez encore dévouer aux tourmens des victimes innocentes, puiſſent ces petits chiens devenir des lions, & n'ouvrir leurs gueules que pour vous dévorer ! Il dit, fait ôter les fers du ſoldat innocent, envoie replacer l'œil au front d'Io, appaiſe les petits chiens en leur donnant des gimblettes, & ordonne que les tortures ordinaires & extraordinaires ſoient à jamais abolies dans ſes états.

Je ne finirois point, s'il me falloit rendre compte de tous les abus que réforma Miſogug, de tous les jugemens ſages qu'il porta, & ſur-tout des nouveaux réglemens qu'il fit pour le bonheur de ſon peuple. Il ſavoit que le commerce eſt néceſſaire dans un grand état ; que ſeul il y entretient l'abondance & la richeſſe : celui des momies étoit alors le plus commun en Égypte ; il en fit tranſporter dans toutes les parties du monde, & en échange on lui rapporta de la Perſe du ſoufre néceſſaire pour les embaumer ; de la Chine, des porcelaines qui ornoient ſes buffets & ſes tables ; de la Grèce, des étoffes d'or dont il ſe couvroit ; des Indes, de l'acier ſi utile pour la guerre ; d'Alep, du verre pour lire dans les cieux ; & de l'Arabie Heureuſe, des toiles peintes. Synopolis étoit devenue la ville la plus floriſſante & la plus fortunée de l'Égypte. Miſogug ne ſe contenta point d'y rétablir l'ordre & la paix : il n'y a point de peuple véritablement heureux ſans les mœurs, & celles des Synopolitains étoient très-corrompues. Les filles publiques cauſoient d'autant plus de ravages à Synopolis, qu'elles y étoient fort nombreuſes. Miſogug les traita à-peu-près comme les Médecins : il en réforma la moitié, & ſe ſervit d'un expédient bien doux & bien ingénieux pour empêcher les autres de nuire. C'étoit sur le soir qu'elles tendoient des pièges aux passans, & que se mettant sous les armes, elles attaquoient les gens de tous les états, & ne triomphoient que trop de leur foiblesse. Misogug ordonna expressément qu'elles ne sortissent que le jour ; il fut ponctuellement obéi, & les hommes même les plus libertins leur trouvèrent le teint si enflammé par les excès de la débauche ; ils remarquèrent dans leurs yeux quelque chose de si égaré & de si impudent, leurs prétendus charmes parurent si fatigués par les caresses multipliées de la veille, qu'il ne fut pas un Synopolitain, tant soit peu bien né, à qui elles ne fissent horreur. Il n'en fut pas un qui ne les comparât à ces vers luisans dont la nuit fait naître l'éclat, & qui de jour ne sont que de sales insectes. Ceux qui étoient mariés retournèrent à leurs femmes ; les garçons se marièrent, & tous goûtèrent dans les bras de leurs épouses des plaisirs purs & sans danger. Misogug, instruit du succès de sa nouvelle loi, disoit en lui-même : Ah ! que n'a-t-elle existé à Babylone, lorsque j'y arrivai pour la première fois ! Si je n'avois vu Fanfouka & Zumilla que pendant le jour, l'une ne m'auroit point volé cent pièces d'or, & l'autre ne m'auroit point joué un tour encore plus perfide.

Misogug, jusqu'à ce moment, avoit donné de grandes leçons de vertu à son peuple ; mais qu'importent les leçons, quand les exemples n'y sont pas joints ? Et quel bien peut faire un législateur, quand il ne suit pas un des premiers le code qu'il a dicté ? Misogug vouloit que tout Synopolitain fût fidèle jusqu'au scrupule à l'engagement qu'il avoit pris, soit par écrit, soit de vive voix, & il montra bientôt combien lui-même avoit de respect pour sa parole. Comme il étoit extrêmement aimé de son peuple, & qu'il ne craignoit point qu'on attentât à sa vie, il alloit de tems en tems se promener dans une forêt voisine de son palais, pour s'y délasser des travaux du gouvernement, & y rêver sur-tout à la belle Altéma. Un jour qu'il s'y étoit enfoncé plus avant que de coutume, il fut arrêté par trois voleurs bien armés, qui lui demandèrent la bourse (1). Il n'y avoit encore point d'or ni d'argent monnoyé en Égypte. Quand on avoit un paiement à faire, on coupoit le métal; on le pesoit ensuite, & il circuloit par lingots dans tous les états de Misogug,

(1) La première monnoie qu'on ait eue en Égypte, y avoit été frappée par *Ariandés*, sous la domination des Persans, & l'on croit que les premières médailles étoient du tems de Ptolomée. Or, Misogug y régnoit très-long-tems avant ces deux époques.

& même dans tout le reste de la contrée. Misogug n'avoit, en ce moment, ni lingot pour satisfaire les voleurs, ni armes pour les repousser. Cependant, comme ils le pressoient beaucoup, il fouille dans sa poche, & n'y trouvant que le bijou triangulaire d'Altéma, c'est-à-dire, le Tau de diamant, il le leur offrit pour se débarrasser d'eux, à condition qu'il le racheteroit, le soir même, moyennant cinq cents pièces d'or qu'il promit de leur faire compter. Les voleurs y consentirent, frappés de son air de probité & de candeur. Un d'eux cependant lui demanda son nom & son adresse pour les aller chercher. Misogug, à cette question, répondit avec beaucoup de simplicité : Je suis Misogug, Roi de Synopolis ; je vais retourner dans mon palais ; l'un de vous peut y venir dans quelques instans ou m'y suivre dans l'instant même, & je vous donne ma parole royale que je vous ferai remettre les cinq cents pièces d'or, sans que vous couriez le moindre danger pour votre liberté ou pour votre vie; vous m'avez l'air d'être d'honnêtes voleurs, & si je pouvois faire de vous d'honnêtes citoyens, je serois bien payé d'un aussi foible sacrifice. Vous êtes Misogug, Roi de Synopolis, s'écrièrent les trois voleurs étonnés! vos vertus nous sont connues, & nous ne doutons point que vous ne remplissiez avec fidélité l'engagement que vous contractez avec nous. Un Roi néanmoins doit nous payer plus qu'un autre, & ce ne sera point trop que de nous donner mille pièces d'or pour retirer le gage que nous tenons de vous. Quoique mille pièces d'or parussent une somme fort considérable à un Roi aussi économe que Misogug, il promit de les donner, & rentra paisiblement à Synopolis en souhaitant le bon soir à ces nobles usuriers des bois. L'un d'eux ne manqua pas, une heure après le départ du Roi, à aller le ſommer de ſa parole. Miſogug étoit alors à ſouper avec quelques dames de ſa Cour, qu'il trouvoit moins belles qu'Altéma, quoiqu'elles lui fiſſent les yeux doux, & les Seigneurs qui, ce jour-là, étoient montés pour la première fois dans ſes royales voitures. Le voleur entre d'un air aſſuré, & demande à parler au Roi. Miſogug l'entend : on a vu qu'aſſez ſouvent il ſe moquoit de l'étiquette ; il ſe lève de table en priant les dames de ne pas ſe déranger, paſſe dans un cabinet voiſin avec le voleur, retire le Tau de ſes mains, lui compte les mille pièces d'or, lui conſeille de changer de métier, & lui annonce, s'il n'en change point, & que lui & ſes camarades ſe laiſſent prendre, il les fera empaller, enſuite brûler & jetter leurs cendres au vent. Après lui avoir donné cette petite leçon, il le fait reconduire juſques dans la rue, & ſe remet tranquillement à table, comme s'il venoit de donner une audience à quelque Miniſtre étranger.

La clémence eſt, ſans contredit, la première & la plus belle vertu des Rois. Miſogug auſſi n'en avoit point qui lui fût plus chère ; il pardonnoit avec autant de plaiſir qu'un tyran en trouve à ſe venger, & ſur-tout lorſqu'on n'avoit offenſé que lui. Le ſort lui offrit ſouvent l'occaſion d'exercer cette vertu ſublime. Une fois entr'autres qu'il revenoit de viſiter, ſelon ſon uſage, les travaux des pauvres agriculteurs, & qu'il rentroit à Synopolis accompagné d'un nombreux cortège, il montra tant de généroſité & de grandeur d'ame, que peu de Souverains, quelque clémens qu'ils aient été, en ont fait voir autant. Il y avoit alors dans les montagnes de la Perſe de certains peuples, nommés Aſſaſſins ou Aſſaſſiniens, ſujets à un Prince ou Seigneur qu'ils ſurnommoient l'*an-*

cien ou le vieux de la Montagne. Ce tyran avoit inventé une religion particulière ; il faisoit périr tous les Rois qui n'en étoient pas, & il avoit tellement fasciné l'esprit & le cœur de ses sujets par l'espérance d'un paradis charnel & voluptueux, dont ils devoient jouir après leur mort, qu'il n'y en avoit pas un qui n'aspirât à la gloire de devenir régicide. Un d'eux instruit que Misogug étoit fort dévot aux Ibis, ce qui étoit fort contraire à sa croyance religieuse, fit le voyage d'Égypte exprès, l'attendit, comme il rentroit, caché derrière une colonne, & lui lança une flèche empoisonnée ; mais soit que le remords eût fait chanceler sa main, soit que le Dieu, vrai Souverain des Ibis, eût détourné le coup de la tête de Misogug, la flèche siffla à son oreille, & ne fit qu'effleurer ses cheveux. On regarde d'où elle part : on le découvre vîte, le meurtrier tenant encore ſon arc à la main. Il eſt arrêté auſſi-tôt, & conduit aux pieds de Miſogug. Que t'ai-je fait, lui dit le Héros avec une voix douce & calme ? que t'ai-je fait, malheureux ! pour attenter à mes jours, & vouloir priver de la vie un homme qui, ſi tu es ſon ſujet, donneroit la ſienne pour toi ? —Tu adores les Ibis, & tu es Roi, lui répond le ſcélérat, & le vieux de la Montagne m'ordonne de tuer tous les Rois qui ſervent un autre Dieu que le ſien.—Puiſque telle eſt ta religion, répliqua Miſogug, pourquoi as-tu manqué ton coup ?—Je l'ignore ; mais j'en enrage. Avant de tirer contre toi la flèche qui m'a trahi, je m'étois exercé pendant ſix mois contre ton image. —Eh bien ! va t'exercer pendant ſix mois encore, pourſuivit Miſogug ; peut-être qu'alors tu auras la main plus sûre, & tu reviendras de nouveau tirer contre l'original. Ces mots firent une ſi vive impreſſion ſur l'Aſſaſſin ou Aſſaſſinien (1), qu'il eut horreur de ſon nom, du vieux de la Montagne, de ſon paradis même, quelques jolies houris qui l'habitaſſent. Il demanda mille fois pardon de ſon crime, & jura de ne plus obéir qu'à Miſogug & de n'adorer que les Ibis.

Le peuple de Miſogug vouloit qu'il fît punir ce malheureux. Il ne ſe rendit ni aux ſollicitations ni aux prières de ſon peuple. Je le ferois punir, dit-il, s'il avoit dirigé ſes coups contre un de mes ſujets ; j'en ai ſeul été le but ; & comme Roi, n'ai-je pas le droit de faire grace ou juſtice ? Miſo-

(1) C'eſt de ces peuples-là qu'eſt venu le nom d'*Aſſaſſin* : ils exiſtoient encore dans le tems des guerres de la Terre-Sainte ; ils inquiétèrent beaucoup les Princes Chrétiens, tuèrent le Comte de Tripoli, attentèrent aux jours de Saint Louis lui-même, & furent enfin détruits par les Tartares.

gug, naturellement indulgent & bon, l'étoit devenu davantage par une lettre que ſon courier lui avoit apportée, & qui lui annonçoit que la belle Altéma s'étoit miſe en chemin pour venir l'épouſer & partager avec lui ſon trône. Cette nouvelle l'avoit rendu ſi heureux, qu'il ne vouloit plus voir autour de lui que l'image du bonheur; & que ne fit-il pas encore pour mettre le dernier ſceau à celui de ſon peuple? En attendant l'arrivée de la belle Altéma, il ſupprima les ſangſues de la finance, qui ſe gonflent des ſucs de l'état & du ſang des pauvres, & leur ſubſtitua des économes qui n'amaſſèrent que pour ſubvenir aux beſoins publics, & changèrent ainſi l'avarice en vertu. Il y avoit alors un démon ſorti des enfers, qui, en étendant ſes aîles ténébreuſes ſur l'Égypte, y répandoit à la fois les ombres & le deuil, & ce démon étoit l'horrible chicane. Impatient de le replonger dans ſon noir ſéjour, Miſogug fit brûler tous les livres où il puiſoit ſes raiſonnemens captieux, & qui ſeuls étoient la ſource & l'aliment d'inextinguibles procédures; & réduiſant toutes les coutumes à une ſeule qu'il appella coutume univerſelle, il compoſa lui-même & publia un code court & précis, mais ſi lumineux & ſi clair, qu'un enfant auroit pu l'entendre, & l'expliquer aux hommes les plus habiles. Il ordonna que chaque citoyen eût dans ſa bibliothèque un exemplaire de ce livret précieux, & qu'on n'eût jamais recours qu'à lui pour terminer les différends. Il créa cependant quatre grands tribunaux pour les cauſes extraordinaires & compliquées, & ces grands tribunaux reſſortoient à un ſeul, qui étoit ſon conſeil, où jugeant pour l'ordinaire d'après ſon cœur, il étoit rare qu'il fît des mécontens, des dupes ou des victimes. Pénétré, quoique Roi, du noble ſentiment de l'égalité naturelle, on remarqua ſur-tout qu'un grand Seigneur n'étoit pas plus à ſes yeux que le moindre de ſes ſujets, & la ſplendeur du rang, l'orgueil des titres & l'éclat des dignités, diſparoiſſoient toujours, & s'éclipſoient comme l'ombre devant ſon imperturbable équité & ſon immortelle juſtice. Il eut à peine condamné quelques grands de ſa Cour, qu'on n'en vit plus aucun oſer plaider avec ſon inférieur, & que les Seigneurs de village vécurent en paix avec leurs vaſſaux. Sûr que de tous les Arts l'agriculture eſt le plus utile, & que tous les autres languiſſent quand celui-là n'eſt point encouragé, il licentia ſes troupes pendant la paix, & changea tous ſes ſoldats en autant de laboureurs : il leur ordonna ſeulement de faire l'exercice deux fois la ſemaine, & il établit pour cela dans chaque ville une eſpèce de Lieutenant, qui devoit les commander : ainſi, ils manioient tour-à-tour le cimeterre & la charrue, nourrissoient leurs familles par leurs travaux, & la défendoient par leur courage. Il ne devoit point aimer l'intolérance, celui qui, dans l'affaire de la cruche volée à la bonne Déesse, avoit renvoyé le criminel absous. Aussi permit-il à chacun d'adorer le Dieu que bon lui sembleroit, un chat, un chien, un bœuf, une souris, une citrouille, une ciboule, pourvu qu'il ne lui élevât point de temple, qu'il ne se moquât point de la religion de son voisin, & que d'ailleurs il remplît tous ses devoirs d'homme & de citoyen. Pour lui, qui ne manquoit à aucun; pour lui, à qui la reconnoissance ordonnoit d'être fidèle à son Ibis, jamais il ne manqua de lui adresser un pur hommage, & de le remercier de sa victoire par un hymne pieux qu'il lui chantoit chaque matin. Malgré l'opinion de quelques sots qui prétendoient que les livres ne sont bons à rien, il étendit principalement cet esprit de tolérance sur les livres; & persuadé que les livres, s'ils ne renferment pas toujours la vérité, la font tôt ou tard découvrir, il laissa tout imprimer, & protégea ouvertement tous les genres de littérature, depuis le poëme épique jusqu'au madrigal, & depuis les dictionnaires jusqu'aux oraisons funèbres. Il enjoignit seulement aux Jurisconsultes de ne point écrire sur le droit, & aux Prêtres de mettre de côté la théologie: il craignoit trop les schismes & les procès. Quant aux Journalistes, il en fit des Protes d'Imprimeries, & quelques-uns s'acquittèrent assez bien de ce métier. Les différens théâtres qu'il avoit vu à Babylone, lui donnèrent l'idée d'en avoir quelques-uns à Synopolis; il les fit bâtir d'une manière plus solide qu'agréable, ne voulant pas que ses sujets rassemblés fussent exposés aux moindres périls; & pour entretenir la paix & l'union parmi le peuple dramatique, il défendit aux Comédiens de protéger les Auteurs, & aux Auteurs de mépriser les Comédiens. Il fit plus : il alla à l'opéra comique, les jours qu'on n'y pleuroit point ; au théâtre de la nation, quand on y donna des pièces nouvelles ; & au grand opéra, quand il y eut des ballets agréables.

UNE CONSPIRATION ET UN VOYAGE SUR MER.

MISOGUG enfin persuadé qu'il faut se priver du repos pour l'accorder à son peuple, & veiller beaucoup pour lui procurer du sommeil, travailloit nuit & jour à le rendre heureux ; & comme on ne peut l'être que par la vertu, au lieu de faire charger l'architrave de son palais d'incriptions superbes ou fastueuses, on lisoit sur toutes les portes du sien ces paroles admirables écrites en lettres d'or : *Quand tu vou-*

dras faire le mal, cherche un lieu où Dieu ne te voie pas. Ces mots encore mieux gravés dans son cœur l'excitoient sans cesse à faire le bien, & l'on ne pouvoit aller chez lui, sans en recevoir à la fois l'exemple & le précepte.

Un Monarque aussi parfait auroit dû régner toujours; mais y a-t-il sur la terre quelque chose d'éternel, & la vertu d'ailleurs n'y est-elle pas sans cesse exposée aux embûches des méchans? Misogug n'avoit pu écrire si secrettement à Altéma, que ses courtisans n'en eussent eu quelqu'indice. Le bruit se répandit bientôt dans toute l'Égypte, que le Roi de Synopolis entretenoit des liaisons avec une financière de Babylone, & que sans doute il se disposoit à l'épouser. Tous les autres Rois, qui tenoient fort à l'étiquette, en furent scandalisés; celui de Tanis sur-tout, qui étoit le beau-frère du feu Roi Daaroth, désapprouva hautement cette mésalliance. Il avoit un fils âgé d'environ vingt ans, que, depuis long-tems, il vouloit faire succéder à son oncle, & l'hymen de Misogug ne lui laissant plus aucun espoir; il forma le projet de détrôner un Roi qui, par son méprisable amour, lui sembloit si peu digne de la couronne. Le Grand-Prêtre de Synopolis qui, d'une autre part, regardoit Misogug comme un sacrilège, depuis l'usage profane qu'il avoit fait des Ibis, cherchoit avec avidité l'occasion de le punir; & n'en ayant point encore trouvé, il saisit celle qui se présentoit pour le peindre des plus noires couleurs. La haine des dévots est, dit-on, la plus dangereuse de toutes. Le Grand-Prêtre ne tarda pas à le prouver; il conçut le pieux dessein de faire périr Misogug pour la plus grande gloire des Ibis, & ce ne fut point sa faute, si ce dessein n'eut pas une pleine exécution. Il le communiqua au Roi de Tanis dont il connoissoit le refſentiment : celui-ci lui envoya pour conjurés les douze coquins les plus déterminés qu'il y eût dans ſes états. Le Prêtre enflamma leur courroux par un diſcours très-éloquent contre les hérétiques ; il leur perſuada que c'étoit la cauſe du Ciel qu'ils alloient venger, & que ſe moquer des Ibis étoit ſur-tout ce qui l'offenſoit le plus. Le fanatiſme s'empara de ces ames viles & criminelles, & la perte de Miſogug fut tramée d'une manière preſqu'inévitable. Gardé par l'amour de ſon peuple, Miſogug peut-être auroit échappé à ſon malheur ; mais l'événement le plus ſingulier & le moins prévu, l'entraîna malgré lui dans le piège, & rendit inutile la bienveillance de ſes ſujets.

Il ſe promenoit un jour dans ſon parc, tenant en main un gros livre plein de menſonges & d'injures que le Grand-Prêtre avoit fait imprimer ſecrettement contre lui ; livre où ſur-tout on lui prouvoit par mille & une raisons qu'un Roi ne doit point épouser une étrangère, lorsqu'elle est veuve d'un financier. Misogug étoit seul, parce qu'il n'avoit à se défier de personne; il parcouroit le volume avec un sourire de pitié, lorsque distrait de sa lecture par une femme qui l'appelloit à travers les feuillages, il crut tout-à-coup reconnoître l'accent le plus cher à son cœur; il jette le livre avec précipitation, se tourne du côté d'où partoit la voix, & apperçoit dans le bosquet voisin.... le dirai-je? c'est Altéma elle-même; c'est sa maîtresse adorée; c'est l'objet de tous ses vœux qui s'offre à ses regards charmés. Eh! quoi! s'écria Misogug en se jettant à ses genoux, est-ce bien vous que je vois, ô ma chère Altéma! ô ma Princesse! ô ma Reine! je puis donc vous placer sur un trône! c'est à quoi tendoient tous vos desirs. Est-il bien vrai que vous veniez partager le mien?

Que fait le bon Roi Isoül? La céleste Immaroé comment se porte-t-elle? Et vos Chevaliers du Tau, où sont-ils? Vous ont-ils accompagnée en ces lieux? — Non, répond Altéma; j'y suis venue toute seule; & pouvois-je faire autrement? C'est l'amour qui m'y conduit; j'ai reçu votre lettre; je l'ai baisée mille fois, & me voilà prête à remplir mon engagement: mais la nuit s'avance; il ne feroit pas décent pour une descendante de Nemrod, qu'on nous trouvât ici tête-à-tête. Je suis logée chez le Grand-Prêtre; rendez-vous y demain seul & sur le soir, & je répondrai plus à loisir sur toutes les questions que vous me faites. En achevant ces mots, elle partit comme l'éclair, & Misogug la suivit long-tems des yeux à travers l'ombre des feuillages, ne sachant pas que le Grand-Prêtre étoit son ennemi, & soupçonnant encore moins que la belle Altéma voulût lui jouer un mauvais tour,

Miſogug, le lendemain, prit un habit de bonne fortune, & ſe gliſſant dans la rue par un eſcalier dérobé, s'achemina à grands pas vers la demeure du Grand-Prêtre, & y arriva ſeul à pied & ſans armes. Il étoit nuit, & ſon ombre eſt favorable aux crimes. Miſogug entre, & demande à parler au Grand-Prêtre; des eſclaves, richement vêtus, le précèdent des flambeaux à la main, lui font traverſer une longue enfilade d'appartemens, & le conduiſent dans la chambre la plus reculée du palais. Il croit y trouver la belle Altéma cauſant pieuſement avec le Grand-Prêtre; déjà il s'apprête à lui ſauter au col. Au lieu de la belle Altéma quel ſpectacle ſe préſente! Les conjurés du Roi de Tanis étoient aſſemblés en ce moment, & le Grand-Prêtre à leur tête; ils aiguiſoient leurs coutelas pour les rendre plus tranchans. Le Roi de Tanis lui-même s'étoit rendu incognito dans ce repaire de brigands, & les excitoit aux forfaits par l'espoir des récompenses. A peine Misogug est reconnu, qu'ils fondent sur lui en tumulte. Misogug, quoique seul contre tous, se défend avec courage, & saisissant l'épée de l'un des scélérats, l'étend mort à ses pieds, & en blesse deux autres. Préparé à cet affreux combat, il auroit triomphé peut-être ; mais que peut la valeur contre la perfidie & le nombre ? Le Grand-Prêtre se met à crier qu'on ne le tue point, mais qu'on l'enchaîne, & qu'il lui réserve un supplice bien plus cruel que la mort. L'infortuné Roi de Synopolis est désarmé à son tour ; il est lié & garotté, & conduit en cet état devant le Grand-Prêtre, qui, du ton le plus humble & le plus respectueux, lui fait cette courte harangue : Pardon, Sire, & mille fois pardon, si j'ose attenter à vos jours sacrés ; vous m'avez donné ce droit par la profanation que vous avez faite des choſes ſaintes. Les Ibis ſont outragés ; le Ciel l'eſt auſſi : mon devoir eſt de prendre leur défenſe, & je ne doute point qu'ils n'approuvent mon entrepriſe. Après ce peu de mots, auxquels il ne lui donne pas le tems de répondre, il fit ſigne qu'on le dépouillât de tous ſes habits ; ce qui fut exécuté à l'inſtant. Il avoit fallu pour cela briſer ſes liens ; on les lui remit ; & ainſi garotté & nud, on le plaça dans un coffre d'un bois léger fait en forme de canot, où l'on avoit déjà fait entrer un des plus gros chats qu'on avoit pu trouver, & un ſerpent énorme. Le Grand-Prêtre avoit eu ſoin de priver, pendant quelques jours, ces animaux de nourriture, afin qu'ils puſſent ſe régaler à loiſir de la chair de Miſogug, & l'on penſe bien que déjà ils montroient pour elle le plus vif appétit. Le Roi de Tanis auroit voulu qu'on tuât ſur-le-champ Miſogug d'un coup de cimeterre ; mais le doux Ministre des Ibis, qui avoit annoncé un châtiment plus cruel que la mort, auroit trouvé celle-là trop agréable & trop prompte pour un sacrilège; & ce fut lui qui inventa le joli supplice de faire manger Misogug par un chat & un serpent affamés. Ainsi, claquemuré, Misogug fut transporté sur un esquif où des matelots l'attendoient, & bientôt les trois reclus furent exposés & abandonnés en pleine mer, où s'ouvrit un champ libre à leurs débats.

Qu'on juge de l'état du malheureux Misogug. Un instant l'avoit fait passer du faîte des grandeurs au comble de l'infortune. Assis le matin sur un trône, environné d'hommages & de respects; lié le soir & garotté comme un vil scélérat, il étoit prêt à subir, non pas le dernier supplice, mais les tourmens les plus affreux que la rage humaine ait jamais pu inventer. O Altéma, s'écria-t-il! belle Altéma! est-ce bien vous qui m'avez précipité dans cet abîme de misère & d'ignominie ? Seriez-vous, par hasard, dévote aux Ibis ? Est-ce par zèle pour ces Dieux que vous me faites dévorer par des serpens ? Non, non, je ne puis le croire ; vous m'aimez, vous me l'avez dit, & l'amour n'inspire point de pareilles barbaries. Sans doute que quelque génie malfaisant s'est revêtu de votre céleste image, & m'a entraîné dans le piège où je suis tombé chez le Grand-Prêtre ; j'ai été trop crédule, trop confiant : c'est moi, c'est moi seul qui suis coupable, & je mérite mon malheur. Ah ! pourquoi vous ai-je aimée ? Sans vous, je vivrois tranquille à Babylone ; sans vous, je verserois encore à boire à mon bon maître Isoüil, & à la belle Immaroé son épouse ; sans vous, je serois encore leur grand Échanson, ce qui vaut bien mieux que d'en avoir à son service ; sans vous, je n'aurois pas eu la folle ambition de devenir Roi; ſans vous, je n'aurois point fait la guerre, qui eſt le plus noble de tous les métiers, & le plus cruel de tous les fléaux; ſans vous, je n'aurois pas été cauſe de la mort du brave Daaroth; ſans vous, je n'aurois point excité la colère d'un vilain Grand-Prêtre, pour avoir innocemment porté l'oiſeau Ibis ſur le poing; ſans vous enfin, je ne ſérois point ici dedans renfermé & enchaîné comme un vil criminel, & prêt à ſervir de pâture à un ſerpent & à un chat..... O Alloyo! que vous aviez bien déviné!.... O Itochipul! que vous vous êtes trompé groſſièrement!.... La voilà donc cette femme dont les vertus devoient me rendre heureux! cet ange terreſtre qui devoit deſcendre du Ciel pour mon bonheur!.... C'eſt cet ange, c'eſt cette femme accomplie qui cauſe ſeul tous mes maux. Vous voyez impoſteur, vous voyez comme vos prophéties s'accompliſſent ! Ah ! que mon cher Précepteur, quoiqu'il n'eût point voyagé en Égypte, avoit bien plus d'eſprit que vous ! Mais ne feriez-vous point par haſard le ſeul auteur de mes tourmens ? Je me ſouviens encore du beau rival que vous m'avez donné auprès de la groſſe Thaméſis ; je me ſouviens des honnêtes propoſitions que vous m'avez faites de m'avaler d'un ſeul coup de dent. Homme barbare ! ce ſont-là de vos jeux ; c'eſt vous peut-être ; c'eſt vous qui avez pris la forme & les traits d'Altéma pour me réduire dans l'état où je ſuis ; car Altéma, l'adorable Altéma ne peut point m'avoir trahi auſſi cruellement. Ne feriez-vous point auſſi caché ſous la figure de mes compagnons de voyage, ou plutôt de mes bourreaux ? Ne feriez-vous point en effet ou le chat ou le ſerpent que je vois ici ? Ah ! reſtez, reſtez à jamais ſous cette heureuſe enveloppe ; quelle autre vous conviendroit mieux ? Les ſerpens les plus perfides & les chats les plus affamés ne ſont pas auſſi féroces que vous.

Miſogug devinoit à demi. L'Archimage Itochipul n'avoit point pris la forme ni du ſerpent ni du chat ; mais il n'étoit rien moins qu'innocent de ſes malheurs, comme on le verra par la ſuite. Cependant, il y avoit déjà quelques heures que la priſon flottante de Miſogug erroit à la merci des vents, & le reptile & le quadrupède ne touchoient point à leur victime. On eût dit qu'ils reſpectoient l'innocence, lorſque le chat, plus preſſé par la faim que ſon compagnon, ſe mit à ronger les liens qui tenoient Miſogug enchaîné. Ces liens étoient faits de boyaux de ſanglier ; & voici pourquoi on avoit employé de pareils nœuds ; ils étoient plus ſouples que des chaînes de fer, & moins ſujets à bleſſer le captif. L'ingénieuſe & tranquille férocité

férocité du Grand-Prêtre n'avoit rien oublié pour mettre Misogug à son aise, & lui faire savourer à loisir toutes les horreurs de la mort; mais la Providence n'abandonne jamais les justes, & les méchans sont punis tôt ou tard. A force de ronger les cordes de boyau, le chat parvint à les briser, & délia ainsi les mains de Misogug: celui-ci qui ne s'attendoit guères à cette bonne fortune, achève de rendre la liberté à ses pieds, que serroient les mêmes entraves; & libre une fois de disposer de ses membres, il étouffa bravement ses deux adversaires, & sans de grands efforts. L'aspect si prochain de la mort auroit donné du courage au plus timide, & des forces au plus foible. Il échappa ainsi à un danger; mais ce n'étoit pas le plus grand. Sa prison étoit si bien fermée, qu'il lui fut impossible de l'ouvrir; & quand même il en seroit venu à bout, de quoi lui eût servi cet avantage frivole ? De quel prix eſt la liberté, quand on eſt ſeul au milieu de la mer, & qu'on ne voit de tout côté qu'un eſpace immenſe & ſans rivages ? Miſogug n'avoit d'autre parti à prendre que de ſe réſoudre à mourir de faim ; mais ce parti étoit violent, & il le prit le plus tard qu'il lui fut poſſible ; que dis-je ? il ſe préſentoit naturellement un moyen de prolonger ſa malheureuſe exiſtence ; c'étoit de manger ceux qui devoient le dévorer, & il n'héſita point à en faire uſage. Il commença par le chat, comme le moins rebutant ; bientôt le ſerpent eut ſon tour, & qu'on ne croie pas qu'il ne ménageât point ſes proviſions ; elles lui étoient trop précieuſes pour les conſommer en un ſeul repas, quoique ſa faim fût exceſſive. Il eut l'art de les faire durer huit jours ; elles finirent malgré ſa tempérance, & l'infortuné alors n'ayant plus aucun eſpoir, ſe regarda comme dans ſon tombeau,

& se vit avec horreur enseveli tout vivant.

Il souffroit, depuis deux jours, tout ce qu'une faim renouvellée a de plus épouvantable, & il attendoit le troisième comme devant terminer tous ses malheurs, lorsqu'il entendit du bruit autour de sa caisse, & se sentit entraîné par un mouvement différent de celui des flots ; son cœur tressaille à l'instant ; la joie y renaît avec l'espérance : il prête l'oreille avec attention, & distingue des voix d'hommes qui s'entretenoient près de lui ; il se garde bien de les questionner, ou de se faire connoître ; il craint que ses semblables ne lui soient plus funestes que les monstres qu'il a étouffés ; il craint, en les implorant, de rencontrer quelque vengeur des Ibis ; il prête l'oreille de nouveau, & entend l'un de ces hommes dire à l'autre : Nous n'avons rien pris aujourd'hui ; mais j'espère que cette caisse renferme quelque chose de plus précieux que des poiſſons, & qu'elle nous paiera de notre journée. Miſogug jugea par ces paroles qu'il avoit à faire à des pêcheurs, & les ſecouſſes régulières qu'il éprouvoit, ſemblables à celles que des rames donnent à un bateau, lui firent penſer, avec raiſon, que ſes libérateurs venoient de le mettre dans le leur, & l'avoient retiré des ondes. Les pêcheurs s'en étoient ſaiſis en effet, & ils gagnoient la terre enchantés de leur capture. Après un aſſez long trajet, ils arrivèrent; & prenant le coffre chacun par un côté, ils le portèrent à leur cabane, qui n'étoit pas très-loin du rivage; ils l'ouvrirent avec précipitation, & ne furent pas peu ſurpris d'y trouver, au lieu des richeſſes qu'ils eſpéroient, un malheureux homme tout nud, pâle, ſec & décharné, qui ſe jetta à leurs genoux, & leur tendit les mains en ſigne de reconnoiſſance.

Ces pêcheurs étoient de bonnes gens ; ils furent touchés de l'état de Misogug, & laissèrent voir sur leur visage qu'ils étoient plus charmés d'avoir délivré un malheureux, qu'affligés de n'avoir point trouvé de trésor. Misogug d'abord leur demanda à manger & à se vêtir ; ils lui donnèrent des habits, peu riches à la vérité, mais propres & commodes, & s'empressèrent d'exprimer d'un jonc noueux, cette liqueur délicieuse qui se transforme en sucre, & qui sert à satisfaire la faim & la soif. Misogug crut, en l'avalant peu-à-peu, savourer à la fois le nectar & l'ambroisie. Nous sommes pauvres, lui dit l'un des pêcheurs (les autres s'étoient retirés dans leur habitation rustique) ; nous sommes pauvres, mais nous ne manquons de rien ; ma femme va bientôt rentrer, & elle vous donnera tout ce dont vous pouvez avoir encore besoin. A peine il avoit dit ces mots, qu'elle parut en effet, portant ſous le bras un panier de fruits qu'elle venoit de cueillir ; ils étoient moins vermeils que ſon teint, & ſa taille, plus droite que la tige du cocotier, lui donnoit moins l'air d'une Bergère que d'une Déeſſe. Miſogug, à ſon aſpect, reſſentit un trouble ſi grand, que le mari & la femme crurent qu'il alloit mourir dans leurs bras. Son danger les allarma ; ils le ſecoururent, & le firent revenir à la vie. Ce trouble de Miſogug étoit bien naturel. C'étoit la belle Altéma elle-même qui paroiſſoit à ſes yeux. Il n'eut pas de peine à la reconnoître, & ſa préſence lui inſpira ſoudain les plus vifs ſentimens d'horreur & d'amour ; la croyant coupable de tous ſes malheurs, & l'adorant toujours de même, il étoit tour-à-tour agité par le deſir de l'immoler à ſa vengeance & l'envie de tomber à ſes genoux. Altéma ne reconnut point tout-à-fait Miſogug ; ſon abſtinence l'avoit trop changé.

Frappée toutefois, en le voyant, d'une surprise égale à la sienne, elle se tourna vers le pêcheur, & lui dit presque les larmes aux yeux : Hélas! mon ami, si nous n'avions pas appris la mort du Roi de Synopolis, à la ressemblance de cet étranger avec lui, je croirois que c'est lui-même ; ce sont ses traits, le son de sa voix, sa taille. Ah! que ne vit-il encore ! j'aurois le plaisir de lui raconter les dangers auxquels je me suis exposée pour lui.—Dites tous les dangers auxquels vous l'avez exposé lui-même, s'écria Misogug avec des sanglots étouffés. Barbare, mais chère Altéma ! revoyez ce Roi de Synopolis, cet infortuné Misogug que vous avez voulu perdre, & qui, malgré vos cruautés, vous adore toujours, & ne sent le prix de la vie que depuis qu'il vous a retrouvée.—Arrêtez, mon cher Misogug, lui répondit Altéma, en l'embrassant aux yeux même de son époux, & ne profanez point, par un reproche injuste, le dernier transport de mon sentiment, & le seul peut-être dont, à l'aspect de vos malheurs, ne puisse s'offenser la vertu ! arrêtez, & avant de me condamner, apprenez-moi de grace quels sont mes crimes ? Eh quoi ! ingrat, j'ai tout quitté pour aller vous joindre, ma patrie, mes richesses, mes Chevaliers du Tau. Je suis partie de Babylone à pied & sans cortège pour aller vous épouser, & c'est moi qui ai cherché à vous perdre !... & c'est moi que vous osez taxer d'inhumanité ! — Eh quoi ! Madame, répliqua Misogug, n'est-ce pas vous qui êtes venue dernièrement dans mon parc de Synopolis m'annoncer que vous étiez logée chez le Grand-Prêtre des Ibis ? N'est-ce point vous qui m'y avez donné un faux rendez-vous, & m'avez fait enfermer avec deux animaux féroces dans la prison horrible d'où l'honnête pêcheur que voilà vient de me tirer ? Ne vous ai-je point parlé moi-même ? ne vous ai-je point vue enfin ? ne vous ai-je point entendue ? Pouvez-vous nier ainsi le témoignage de mes oreilles & de mes yeux ? — Oui, perfide, je le nie, répliqua vivement Altéma ; & comment m'aurois-tu vue à Synopolis, puisque je n'y ai été de ma vie ? J'y allois en effet pour me donner à toi ; est-ce ma faute à moi, si le Ciel n'a pas permis que j'y abordasse ? Demande à l'homme que tu vois, si, lorsqu'il m'a arrachée des bras de la mort, car je m'y étois exposée pour te plaire ; demande-lui si je ne l'ai pas assuré que, sans le Roi Misogug, je n'aurois jamais entrepris un voyage si funeste ? Demande-lui si, avant de l'épouser, je n'ai pas voulu être certaine de ton trépas ? Tu m'imputes de lâches trahisons ! que tu me connois mal, barbare ! que tu me rends peu de justice ! Altéma t'a aimée avec ardeur ; elle t'aime encore peut-être,

& voilà son seul crime; voilà le seul du moins dont elle ait à se repentir.

Ce discours éloquent d'Altéma portoit le caractère de l'innocence, & Misogug ne douta plus que l'Archimage Itochipul, transformé en jolie femme par le moyen de son anneau constellé, ne fût le seul auteur de toutes ses infortunes. Il rassembla ses forces pour se jetter aux pieds d'Altéma, & y tombant tout-à-coup, il lui dit avec l'effusion du remords & du désespoir : Pardon, femme céleste, & mille fois pardon, si j'ai pu vous soupçonner d'avoir voulu me faire manger par un serpent & un chat; il n'y a qu'un maudit astrologue qui ait pu me jouer ce tour. C'est moi qui suis un monstre de vous avoir accusée, & ce crime ajoute encore à mes malheurs : il ne manquoit plus que d'offenser à la fois & d'affliger ce que j'aime, pour être le plus infortuné des mortels; mais, que dis-je? vous affliger! il faudroit pour cela que je fusse aimé de vous ; il faudroit que vous fussiez sensible à mes outrages, non par orgueil, mais par tendresse, & depuis long-tems sans doute, j'ai perdu la place que j'occupois dans votre cœur. — Il est vrai, mon cher Misogug, qu'il ne m'est plus permis de vous aimer, répondit Altéma, & vous avez trop de vertu vous-même pour exiger de moi un sentiment qui seroit criminel, puisque ma foi est engagée à un autre ; mais l'amitié remplacera l'amour, & vous l'aurez, ainsi que mon estime. — L'amitié, répliqua Misogug! elle peut succéder à l'amour, mais elle ne le remplace pas. Altéma feignit de ne pas l'entendre, & prenant un air riant : Allons, dit-elle avec un ton de familiarité noble & gracieuse ; allons, Roi de Synopolis, je viens de préparer un repas frugal & sain. Assoyez-vous-là & mangez ; vous devez en avoir besoin : vous étiez naguère sur un trône, & vous êtes sur un tabouret de jonc; vous étiez environné d'une Cour brillante, & vous allez souper avec de pauvres pêcheurs. Ainsi vont les choses d'ici bas: mon sort n'est pas fort différent du vôtre. J'étois la femme la plus riche de Babylone, celle qui y tenoit le plus grand état, & je ne suis plus que l'épouse d'un homme simple & vertueux; mais quand on a l'ame élevée & délicate, on ne regarde point ces changemens comme des revers: voilà du poisson bien frais, des fruits bien mûrs & des légumes excellens. Livrez-vous à votre appétit; vous irez ensuite vous reposer dans un lit qui ne sera point environné d'un balustre d'or; vous n'aurez point de courtisans à votre coucher; à votre lever point de présentations; mais vous n'en dormirez pas moins bien pour cela, & vous digérerez mieux que si vous aviez soupé dans vos petits appartemens, entre votre favorite & votre chef des eunuques noirs.

Misogug profita de cette aimable invitation ; mais comme il étoit surpris de tout ce qu'il voyoit & de ce qu'il venoit d'entendre ! Il ne pouvoit pas concevoir comment cette fière Altéma, qui n'avoit voulu épouser qu'un Roi, étoit devenue la femme d'un pêcheur, & comment elle paroissoit contente de son sort. Quel contraste en effet que de voir une femme, qui avoit eu des cuisiniers & un palais magnifique, des équipages brillans, & jusqu'à des Chevaliers du Tau pour l'accompagner, se plaire à habiter une cabane rustique, & apprêter elle-même le souper de son mari ! Tandis qu'il étoit plongé dans ces réflexions, la belle Altéma se donnoit beaucoup de peine pour lui procurer d'innocens plaisirs : elle & son époux alloient & venoient sans cesse, occupés l'un & l'autre à préparer tout ce qui étoit nécessaire. Enfin, tous trois se mirent à table. Misogug, on le pense bien, ne manqua pas de se placer à côté de la charmante hôtesse, & le pêcheur qui la voyoit avec les mêmes yeux que Misogug, quoiqu'il fût son mari, s'assit vis-à-vis d'eux; & jettant sur sa femme des regards pleins de passion, & fixant Misogug avec attendrissement & intérêt, il paroissoit n'éprouver que deux sentimens, l'amour & la pitié : on eût dit enfin qu'il étoit entre son ami & sa maîtresse.

Ce pêcheur, qui connoissoit Misogug sans en être connu, comme on le verra par la suite, étoit un de ces hommes qui, sans paroître vieux, ont pourtant l'âge du vieillard; ses yeux étoient vifs & pleins de feu ; son front, quoiqu'un peu ridé, peignoit la sérénité, & cependant portoit l'empreinte d'une ame énergique & passionnée : ce qui y dominoit sur-tout étoit un caractère de sagesse & de maturité qui imprimoit la vénération. L'âge ordinairement diminue les forces ; l'âge sembloit avoir augmenté les siennes, & il paroissoit d'autant plus vivant que plus il s'approchoit du tombeau. Misogug l'avoit pris d'abord pour un homme ordinaire ; en le considérant avec attention, il fut tout étonné du respect qu'il se sentoit pour lui. Il ne faut pas demander, je crois, si Misogug soupa de bon appétit ; il ne mangeoit pas, il dévoroit. La table étoit servie de mets plus ragoûtans que ceux dont il s'étoit nourri dans son étroite prison, & l'idée seule qu'ils avoient été touchés & assaisonnés par la belle main d'Altéma les lui eût rendus délicieux. Ce qui ajoutoit à leur saveur, c'est que chaque plat étoit entouré de fleurs nouvelles, & il n'y avoit rien dans ce banquet qui ne flattât à la fois la vue, le goût & l'odorat. Les convives n'eurent point cette gaieté affectée qu'on veut se donner, quand on a des raiſons pour n'être point gais ; mais cette douce ſatisfaction des ames tranquilles & heureuſes ; le ſourire naiſſoit & mouroit ſur leurs lèvres, ſans jamais y avorter ; leur joie enfin n'avoit rien de recherché ni de contraint. Miſogug qu'une aſſez longue expérience des hommes commençoit à éclairer, ne fut point ſurpris de trouver ces bonnes gens plus aimables que les automates dorés & à reſſorts de la Cour de Synopolis, & il ne regretta auprès d'eux ni ſon grand ni ſon petit couvert.

Quand il eut ſatisfait aux beſoins de ſa ſituation, belle Altéma, dit-il, il vient de vous échapper que, ſi Miſogug vivoit encore, vous prendriez plaiſir à lui raconter les périls auxquels vous vous êtes expoſée pour lui : il vit ; il eſt préſent à vos yeux ; ne le privez pas plus long-tems du bonheur de vous admirer & de vous rendre graces. Mon hiſtoire n'eſt pas gaie, répondit Altéma ; elle eſt un peu longue d'ailleurs. Achevez de ſouper, de peur que le récit de mes malheurs ne trouble votre digeſtion, & vous verrez bientôt ſi j'étois digne des reproches que vous avez oſé me faire. Miſogug l'aſſura qu'il n'avoit plus qu'une faim, celle de l'entendre, & la belle Altéma commença ainſi.

ALTÉMA.

QUAND j'eus reçu à Babylone la lettre que vous m'envoyâtes par un courier de votre cabinet, je fus d'abord très-ſcandaliſée qu'un pareil meſſage n'eût pas été fait par des ambaſſadeurs. Votre manière de traiter avec une femme comme moi me parut des plus leſtes, & je faillis vous répondre que, tout Roi que vous étiez, vous ne ſaviez pas vivre. Ces premiers mouvemens furent ceux de mon indomptable & ridicule orgueil, & ils auroient prévalu en ce moment, s'ils n'avoient pas été combattus par d'autres. Vous m'aviez plu, tout mince Gentilhomme que vous étiez ; je vous aimois, & l'amour est toujours plus fort que les autres passions. Vous étiez Roi d'ailleurs ; je ne pouvois en douter, & ce titre vous excusa à mes yeux, & me fit oublier tous vos torts. Je crus pouvoir vous épouser, sans porter aucune atteinte à l'illustre race de Nemrod, & je m'y décidai par amour-propre autant que par amour. Je me proposois d'arriver à Synopolis avec toute la pompe qui m'environnoit à Babylone, & dans l'appareil d'une Reine. Je devois mener douze palanquins destinés seulement aux personnes de ma suite, vingt charriots chargés de mes équipages, mes cuisiniers, mes gardes, mes Chevaliers du Tau ; enfin toute ma maison : je voulois faire voir aux Égyptiens que j'étois la petite-fille de Nemrod. Des obstacles imprévus dérangèrent toutes ces mesures. J'appris que le Roi Isoül ne laissoit partir de ses états aucun de ses sujets, qu'avec une permission de sa part, & qu'on ne l'obtenoit que par de bonnes raisons. Comme je n'avois à donner que celles de mon orgueil pour faire sortir tant de monde de l'Assyrie, & que le Roi, qui n'étoit point vain, ne s'en seroit point content, je ne cherchai point à le solliciter, de peur d'essuyer un refus. Comment m'y prendre cependant pour faire voyager la petite-fille de Nemrod avec tout l'éclat & la dignité convenables à sa naissance? Autre combat entre mon orgueil & mon amour. Celui-ci l'emporta à la fin, & comme il arrive toujours, sa victoire fut complette. Vous en jugerez par la grandeur de mes sacrifices. Je renvoyai toute ma maison, tout mon service, en laissant toutefois des pensions à mes Chevaliers du Tau; je vendis tout ce que je possédois, afin de rendre ma fortune portative ; je me déguisai en marchand Chaldéen, & prenant pour m'accompagner une de mes femmes habillée ainsi que moi, un beau matin, nous décampâmes de Babylone seules & à pied, résolues à faire la route à petites journées. Après une marche assez longue, nous nous trouvâmes dans une forêt malheureusement trop célèbre par les voleurs qui l'habitent ; & ce que nous redoutions, ne manqua pas de nous arriver. Nous fûmes arrêtées par douze de ces brigands, qui nous voyant très-inférieures en nombre, nous prièrent fort civilement de leur remettre tout ce que nous possédions, & cherchèrent même à dissiper, par des railleries agréables, la frayeur qui s'empara de nous à leur aspect. Nous étions chargées l'une & l'autre d'or & de pierreries, produit des ventes que j'avois faites ; nous le cédâmes de bonne grace, dans l'espoir de ſauver notre vie ; mais les voleurs furent ſi étonnés de tant de richeſſes, que le chef nous dit en riant : Parbleu, Meſſieurs, on ne va point à pied quand on a les poches ſi bien garnies, & vous êtes de bien mauvais plaiſans de vous laiſſer tranquillement dépouiller, au lieu de nous dire que vous êtes des nôtres. Que ne parliez-vous donc ! vous n'auriez pas eu la peine de vous fouiller ; ce que vous portez eſt bien à vous, puiſque vous l'avez volé ; au reſte, nous ſommes enchantés de vous rencontrer, & j'eſpère que ce ſoir vous nous ferez l'amitié de ſouper avec nous. Ma compagne & moi étions un peu ſurpriſes de ce diſcours, & nous le fûmes bien davantage, lorſque le chef ajouta, en nous rendant tout ce que nous venions de lui céder : Reprenez, reprenez tous vos tréſors ; ils ſont trop bien acquis pour que nous voulions vous les enlever. Nous les remettions dans nos poches, & cependant ils nous entraînoient vers le milieu de la forêt, où sans doute étoit leur demeure, lorsque ma compagne, non moins effrayée que moi, & n'ayant pas plus que moi envie de s'enrôler dans cette noble troupe, tomba aux genoux du chef, lui avoua que nous étions des femmes, & par conséquent peu propres à exercer son périlleux métier. Plus surpris à ces mots qu'ils ne l'avoient encore été, ils nous regardèrent avec attention, palpèrent aisément la vérité au-travers de nos habits, & nous perdîmes tout le fruit de leur singulière méprise. Belles aventurières, dit alors le chef avec un sourire qui faisoit peur; c'est sans doute l'amour qui vous fait voyager de la sorte, & vous êtes vraisemblablement les héroïnes de quelque beau roman. Eh bien! vous trouverez parmi nous de quoi exercer votre sensibilité. Vos amans seront inquiets de votre abſence ; ils vous traiteront peut-être d'infidelles, ne vous voyant point arriver ; mais, ma foi ! vous êtes trop jolies pour ne pas reſter avec nous. Il me prit enſuite la main, ſe la paſſa galamment ſous le bras, & ajouta d'un ton ricaneur : Vous ſavez que, depuis long-tems, je cherchois une femme ; voici la mienne. Quant à l'autre voyageuſe, je vous l'abandonne ; vous pouvez mutuellement vous la prêter en attendant que vous en trouviez chacun une ; je garderai celle-ci ; j'en ai le droit comme étant votre chef, & vous préviens que je ne la prêterai à perſonne. Ma compagne auſſi-tôt fut entourée par les onze brigands, qui l'emmenèrent je ne ſais où, & je reſtai avec le capitaine. Un chef de voleurs ne parvient ordinairement à cette dignité que par beaucoup de courage ; celui-ci en avoit infiniment ; j'en jugeai par le ton reſpectueux de ſes compagnons, & par quelques éloges qu'ils lui donnèrent en ma préſence ; mais (& ceci eſt moins commun) il joignoit à la bravoure le ton goguenard d'un petit-maître ; & quoiqu'il me parût un fort mauvais railleur, il ne me dit pas un mot qui ne fût accompagné de plaiſanteries à ſa manière. A peine nous fûmes ſeuls, qu'appercevant un tertre de verdure ombragé par de majeſtueux platanes, il m'y fit aſſeoir malgré moi, & ſe mettant à mes côtés : Eh bien ! ma Reine, me dit-il, n'êtes-vous pas charmée d'être tombée en ma puiſſance ? Ce nom que je vous donne, n'eſt point vain au moins ; je règne dans cette forêt auſſi agréablement que le Roi Iſoüil à Babylone. Vous n'avez vu encore qu'une partie de mes ſujets ; bientôt je vous montrerai le reſte. Souffrez en attendant que ce gaſon nous ſerve de trône, & recevez-y ma main & ma foi. — O Ciel !

Ciel ! m'écriai-je, en le repoussant avec indignation ; moi, je pourrois devenir l'épouse d'un chef de voleurs ! moi, la petite-fille de Nemrod, & dont la race est aussi ancienne que l'empire même de Babylone ! —Vous êtes la petite-fille de Nemrod, répliqua-t-il ; de ce fameux Nemrod ou Nimrod, qui avoit dix coudées ou quinze pieds quatre pouces deux lignes de haut, qui fit construire Babylone & la célèbre tour de Bélus, & mourut des tourmens que lui causa un moucheron ? —Oui, je la suis ; oui, je suis la petite-fille du même, & ce moucheron le voilà, le voilà embaumé en Égypte depuis deux mille siècles. Puisque c'est moi seule qui le possède ce moucheron précieux, & que transmis de père en fils dans ma famille, il est venu jusqu'à moi, quelle autre que moi peut-être la fille de Nemrod ? Si vous ignorez l'histoire de ce moucheron, voulez-vous que je vous la raconte? Il (1) entra d'abord dans les narines de Nemrod, & ayant pénétré jusqu'aux membranes de son cerveau, il lui causa des douleurs si aigues, qu'il étoit obligé de se faire battre le crâne avec un maillet pour se procurer quelques instans de sommeil. Ce supplice dura quatre ans; après quoi Nemrod mourut. Il y a à Babylone une famille qui prétend posséder le maillet de Nemrod, & qui se dit aussi ancienne que nous; mais il est bien prouvé que cette famille n'est point une branche véritable de la maison de Nemrod par les mille & une lacunes qu'il y a dans sa généalogie, tandis que la nôtre n'a subi aucune interruption; vous pouvez le croire, car c'est mon père qui me l'a dit, & mon père le tenoit de mon aïeul, à qui l'avoit raconté mon bisaïeul, à qui.... —Eh bien! ajouta-t-il en m'in-

(1) Voyez Abulfarage, la Bibliothèque orientale de d'Herbelot, &c.

terrompant, & tirant de ſa poche une longue écaille de poiſſon qui pouvoit lui ſervir de poignard ; voyez cette écaille ſacrée : apprenez auſſi qu'elle m'a été tranſmiſe de père en fils, & qu'elle a appartenu au célèbre poiſſon Oannés, qui vivoit bien long-tems avant votre Nemrod, à ce merveilleux amphibie qui enſeigna l'Agriculture & l'Architecture aux Aſſyriens, leur donna un code de loix, & compoſa même de fort beaux volumes ſur la Métaphyſique : apprenez que les fondateurs de mon illuſtre maiſon ont été des Oans, c'eſt-à-dire, des deſcendans d'Oannés, & qu'ainſi vous devez m'épouſer, puiſqu'il eſt impoſſible qu'il y ait dans toute l'Aſſyrie un meilleur Gentilhomme que moi. Cette plaiſanterie aujourd'hui m'auroit paru excellente ; mais je ne ſentois point encore le ridicule de mon orgueil : mes parens m'avoient rempli la tête de préjugés ſur l'ancienneté de la naiſſance ;

ils m'avoient persuadée qu'on avoit toutes les qualités, lorsqu'on étoit femme de qualité ; & voyez combien l'éducation des jeunes personnes est une chose importante. Je ne crois pas être née avec des inclinations vicieuses, & j'étois parvenue, à force de hauteurs, à me faire haïr dans Babylone, & presqu'à me faire mépriser.

Qu'Altéma avoit bien raison en parlant de la sorte ! Altéma n'étoit point méchante ; le ciel au contraire l'avoit douée d'un bon naturel, d'une sensibilité tendre pour les malheureux & de beaucoup de délicatesse, & l'éducation avoit étouffé en elle toutes ces vertus ; mais revenons à son histoire, & laissons-là achever le récit de ses malheurs.

Je répondis au chef des voleurs, ajouta-t-elle, que, pour être reconnu Gentilhomme, il falloit avoir fait ses preuves, & que les siennes vraisemblablement étoient encore à faire,

—Encore à faire, répliqua-t-il! mon palais n'eſt pas loin d'ici; je vous y conduirai bientôt, & vous y montrerai dans une caſſette de bois de cèdre les titres les mieux conſervés, les plus vénérables chartes & les atteſtations les plus authentiques des trois grands généalogiſtes de Babylone. Liſez l'hiſtoire d'ailleurs; fouillez dans les archives de l'état, & vous y verrez que l'écaille d'Oannés n'a pu appartenir qu'à moi; que je deſcends en ligne directe de cet illuſtre poiſſon, & que..... Il n'avoit pas achevé de parler qu'un autre chef de brigands (ils étoient pluſieurs dans cette forêt), paſſant à côté de nous, me fit entendre par ſes ſaluts réitérés qu'il me trouvoit extrêmement jolie. Le deſcendant d'Oannés n'aimoit point qu'on fût ſi poli avec moi; il le lui témoigna de la manière la moins équivoque. Elle doit être à moi, dit l'un. — Elle m'appartient, dit l'autre. — Je ſaurai bien te l'enlever. — Je ſaurai bien la défendre. — Eh bien ! s'écria le dernier ; elle peut nous mettre d'accord ; qu'elle choiſiſſe entre nous deux ; & ſi tu es préféré, je me retire. Vous voyez, Madame, que je ſuis juſte, ajouta-t-il en ſe tournant vers moi ; réfléchiſſez ſur ma propoſition, & ſongez ſur-tout que vous êtes d'un prix qui peut coûter bien du ſang. Je lui répondis que ſa propoſition m'inſpiroit autant d'horreur que ſa perſonne ; qu'il me feroit plus doux de mourir que de me déterminer pour l'un ou l'autre ; qu'au reſte, il n'étoit point du tout galant de vouloir forcer ainſi les volontés, & qu'il falloit être honnête, quoiqu'on fût voleur. Brûlant, malgré mon obſtination, de me poſſéder ſans partage, ils vinrent alors à moi, le cimeterre en main ; je crus qu'ils alloient pour jamais me délivrer de leur préſence, & d'avance je béniſſois mon trépas. Frappez, leur criai-je ; voilà mon ſein !

j'aime celui qui me donnera la mort, & c'eſt lui que je préfère à l'autre ; ils étoient bien éloignés d'en vouloir à ma vie. Ces mots, loin d'exciter leur pitié, ne firent que rallumer leurs deſirs ; ils posèrent leurs armes près de moi, me lièrent à un arbre, de peur que je ne leur échappaſſe, & les reprenant tout-à-coup, commencèrent ſous mes yeux le plus épouvantable combat. Deux jeunes gens que le préjugé égare, & qui ont juré de s'ôter la vie pour laver un affront prétendu ; deux énormes taureaux diſputant pour une géniſſe, montrent moins d'adreſſe, moins d'acharnement & moins de fureur que n'en firent voir les deux champions horribles ; ils écumoient de rage & de luxure ; leurs yeux lançoient des éclairs, & il n'y avoit pas un muſcle dans tout leur corps, pas une fibre ſur leur viſage, qui n'eût ce frémiſſement odieux que donne à des ſcélérats l'eſpoir d'une jouiſſance criminelle. Tous deux avoient autant de brutalité que de courage, & leurs débats durèrent assez long-tems. L'un d'eux à la fin eut le nez emporté d'un coup de cimeterre, & l'autre un œil. Le sang ruisseloit à gros bouillons sur leur visage terrible, & le rendoit encore plus affreux. O Ciel! m'écriai-je, à cet effroyable tableau, il faudra donc que je devienne la proie d'un vilain borgne, voleur & assassin, qui viendra me demander le prix de l'œil qu'il aura perdu pour moi, ou d'un homme sans nez, qui souillera ma joue de ses baisers sanglans, & tout frissonnant de fureur & de volupté exigera la récompense de sa victoire. Grand Yasdan! on dit que vous êtes bon & juste, & c'est à ce comble d'abaissement, d'opprobre & d'infortune que vous réserviez une petite-fille de Nemrod!

Je fis tant d'autres réflexions sur l'état où je me trouvai, qu'elles opérèrent en moi un changement ſubit, & me créèrent, pour ainſi dire, une ame nouvelle; un voile tomba auſſitôt de mes yeux. Je vis clairement que le titre de petite-fille de Nemrod pouvoit ſervir de quelque choſe, quand on vouloit entrer dans un chapitre de vierges aſſyriennes, mais qu'il n'en impoſoit point à des voleurs; que ces Meſſieurs ſe moquoient des titres, des dignités, du plus ou moins de nobleſſe & des moucherons embaumés. J'éprouvai, en cette occaſion, que rien ne rend plus modeſte & plus humble qu'un grand danger, & deſcendant de cette hauteur inſupportable où m'avoit guindée mon orgueil, & me mettant de niveau avec l'eſpèce humaine, je briſai le microſcope de la vanité, qui, appliqué à mon criſtallin, rendoit les hommes auſſi petits que des cirons; je ceſſai de me croire plus grande qu'eux; je ne vis plus autour de moi que des perſonnes de ma taille.

J'attendois la mort cependant, me proposant de me la donner plutôt que de servir de victime à la brutalité de ces barbares ; je l'implorois même à grands cris, & les mains levées vers le Ciel, lorsque j'entendis du bruit sur le chemin qui traversoit la forêt, & des cris même qui sembloient répondre aux miens. Les deux scélérats se battoient toujours avec la même furie. Un voyageur paroît ; c'étoit le brave Achénob ; c'étoit le mortel généreux que vous voyez, & que j'ai choisi pour époux. Il m'apperçoit, & vole à moi pour détacher mes liens. Les deux champions s'en indignent ; ils craignent de perdre le fruit de leur victoire, cessent leur combat aussitôt, & se réunissant contre Achénob, fondent sur lui à coups de cimeterre. Celui-ci se défend avec d'autant plus d'avantage, que ses deux agresseurs étoient blessés ; & voyant qu'ils en veulent à sa vie & à mon honneur, il les presse avec une ardeur & un courage qui leur fait bientôt mordre la poussière ; il les tue enfin sans pitié, & délivre l'Assyrie de deux monstres : il revient ensuite à moi, me débarrasse des cordes qui m'enchaînoient à l'arbre, & me mène en triomphe dans cette cabane.

Jalouse de témoigner à mon libérateur l'excès de ma reconnoissance, à peine arrivés ici, je lui donne tous mes bijoux, tout mon or, toutes mes pierreries, & jusqu'au moucheron embaumé dont je ne me souciois plus ; il les accepta, & devinez pour quel usage. Le lendemain, il les jette tous dans la mer, disant qu'il est assez payé par le plaisir de m'avoir délivrée ; que, s'il n'y avoit point dans un état de ces richesses de convention, il n'y auroit point de voleurs sur les grandes routes, & que d'ailleurs il vouloit vivre heureux avec moi, & que l'or détruisoit à la longue plutôt qu'il n'affermisſoit le bonheur. Je m'apperçus bientôt, à la délicateſſe de ſes attentions & à ſes ſoupirs étouffés, qu'il attendoit de moi des ſentimens plus tendres que ceux qui m'animoient; ſa paſſion naiſſante m'intéreſſa & m'affligea en même tems. Je l'aimois comme un père, & le reſpect qu'il m'inſpiroit ne pouvoit guères ſe concilier avec l'amour. Enfin, il oſa m'avouer que je faiſois ſurlui une impreſſion qui troubloit ſon repos, & qu'il n'avoit pu s'empêcher de m'adorer du premier moment qu'il m'avoit vue. Je l'écoutai avec ſurpriſe, & tâchai même de lui montrer un peu de courroux. Je lui demandai ſi c'étoient les ſervices qu'il m'avoit rendus, qui l'autoriſoient à me déclarer un amour qui pouvoit me déplaire. Que je vous plains, lui dis-je, ſi vous croyez qu'il vous donnent ce droit! Un bienfaiteur intéreſſé outrage plus qu'il n'oblige, & l'eſpoir d'une récompenſe détruit tout le prix de la générosité. Il me répondit qu'en m'aimant, & sur-tout qu'en osant me le dire, il cédoit à la nécessité ; qu'il croyoit n'avoir fait que son devoir en me délivrant des mains des voleurs ; qu'il me dispensoit même de la reconnoissance pour un si léger service, mais qu'il lui étoit impossible d'étouffer un sentiment qui triomphoit de sa raison. La raison, lui répliquai-je, est une arme toujours sûre contre les passions ; il faut du tems d'ailleurs pour se faire aimer, & mon cœur ne s'enflamme pas aussi promptement que le vôtre.

Ces derniers mots l'affligèrent, & je surpris bientôt sur ses joues des traces de ses larmes : il resta quelques jours sans m'entretenir de sa passion, & je lui sus gré de ce sacrifice. — Eh bien ! belle Altéma, me dit-il un jour, êtes-vous toujours résolue de m'accabler de votre indifférence ? Je vous annonce que je ne peux plus y résister, & que je mourrai plutôt que de renoncer à l'eſpoir de vous trouver ſenſible. — Il faut vous en interdire juſqu'au deſir. Croyez que ma rigueur me fâche autant que vous-même ; je vous eſtime, je vous honore ; mais il ne m'eſt point permis de vous aimer. —Que dites-vous ? ô Ciel ! & qui pourroit vous empêcher de ſuivre votre penchant ? N'êtes-vous point votre maîtreſſe ? Il vous ſeroit défendu de m'aimer ! Ah ! dites plutôt que vous vous êtes fait une loi de me rendre malheureux. —Vous me ſuppoſez une ame bien cruelle ; & pourquoi voulez-vous que je me plaiſe à vous haïr, quand vous méritez le contraire ? Apprenez que je ne peux plus diſpoſer de mon cœur ; apprenez qu'il appartient depuis long-tems au Roi de Synopolis, & que j'allois l'épouſer, lorſque vous m'avez rencontrée ? —Quoi ! c'eſt pour lui que vous alliez à pied ? . . . —Oui, c'eſt pour lui ſeul que je me ſuis expoſée aux plus grands dangers. — Ainſi donc mon malheur eſt au comble. Heureux Miſogug ! .... C'eſt pour la première fois de ma vie que j'envie le ſort d'un Roi. — Ne l'enviez point ; l'amitié eſt un ſentiment bien plus durable & bien moins dangereux que l'amour. Vous avez tant de droits à la mienne ! — Elle me flatte ; mais, hélas ! peut-elle ſuffire à mon cœur ? N'importe ! vous aimez ; dès-lors vous m'êtes ſacrée ; je vous adorerai toujours, & je ne vous le dirai plus : ces aveux me ſont interdits ; je jouirai par mes ſacrifices. — Je vous en demanderai qui pourront vous étonner. — Parlez ! je me ſens prêt à tout faire pour vous. Je ne crains qu'une choſe : l'amitié avec une jolie femme eſt ſujette à des diſtractions ; ſi j'en ai quelques-unes, me les pardonnerez-vous ? — Je me charge de vous en faire appercevoir : mais où prenez-vous donc tout le feu qui animes vos regards, & la galanterie qui règne dans vos discours? Il paroît que vous n'êtes pas fort jeune, & ce n'est point à votre âge que l'on aime si ardemment. —L'hiver est sur ma tête; mais je recèle dans mon ame tous les feux de l'été. Je ne suis pas loin d'avoir douze lustres, & mon cœur est encore tout neuf, & je n'ai jamais aimé : ne soyez donc pas surprise du feu qui me dévore. La passion d'un homme de soixante ans est quelquefois plus vive que celle d'un jeune homme de vingt; celui-ci ne brûle que de feux follets; l'autre couve des volcans.

Achénob m'apprit ensuite qu'il n'étoit point ce qu'il paroissoit être, qu'il avoit vu le monde, qu'il y avoit vécu & occupé même un rang distingué; mais qu'une sage misantropie, fondée sur les vices de la société, lui avoit fait chercher la solitude, & prendre l'état de simple pêcheur. Je lisois, chaque jour, dans ses yeux, l'ardeur dont il étoit dévoré ; & bientôt son silence me donna la plus haute idée de l'honnêteté & de la délicatesse de son ame. Dès que je lui eus dit que vous aviez tout mon amour, il ne me parla plus du sien ; il n'eut pas même les distractions dont il s'étoit injustement soupçonné. Je ne doutai point qu'un homme d'une vertu aussi sublime ne fût propre à remplir le projet que je méditois, & ne pouvant le rendre heureux lui-même, je voulus en faire l'instrument de mon bonheur. Le croiriez-vous, mon cher Misogug ? Je lui proposai un jour de me mener à Synopolis, & de me remettre entre vos mains. Moi, s'écria-t-il d'abord ! moi, vous conduire à la Cour de mon rival, & lui céder tout ce que j'aime ! .... Y pensez-vous, cruelle Altéma ? — Ne vous ai-je pas annoncé que je vous proposerois des sacrifices surprenans ? — Ce dernier est au-dessus de mes forces ; il me feroit expirer à vos yeux. — Si votre amour étoit aussi délicat & aussi désintéressé que vous voulez me le faire croire, vous ne me refuseriez point ce que je vous demande ; une belle ame jouit du bien qu'elle a fait, & le bonheur qu'elle procure aux autres réjaillit sur elle-même. — Vous le voulez ; eh bien ! j'y consens : oui, j'aurai la force de vous livrer à l'homme que vous préférez ; je vaincrai l'amour en faveur de l'amitié : il faudra que je meure ; mais mon triomphe m'honorera à vos yeux, & ma gloire sera complette ; & si vous êtes heureuse, je serai consolé de tout : venez ; allons trouver le fortuné mortel qui vous attend, & quand vous serez dans ses bras, rappellez-vous que c'est par mon secours, & que je méritois d'être aimé. — Vous le méritez si fort que, pour vous le prouver, je voudrois que vous fussiez Misogug. A ces mots, il prit ma main,

& la couvrit de baiſers & de larmes. Ah ! prenez garde, lui dis-je ; vous avez des diſtractions.....

Nous avions tout préparé pour notre départ, & nous allions enfin prendre la route de l'Égypte, lorſque le bruit de votre mort ſe répandit dans toute l'Aſſyrie : je vous pleurai amèrement ; mais je vous aurois pleuré bien davantage, ſi je n'avois pas connu l'eſtimable Achénob. Je ne pouvois, ſans ingratitude, le laiſſer plus longtems ſouffrir ; il falloit le récompenſer des ſervices qu'il m'avoit rendus, de ſon courage, de ſa conſtance & de ſes inconcevables ſacrifices ; il vouloit enfin être épouſé, & je lui donnai ma main. J'aurois peu fait pour moi, ſi je n'avois fait que ſon bonheur ; le mien eſt aſſuré par ce ſage hyménée, & il n'eſt plus que vos malheurs qui puiſſent l'altérer. Une vie active & laborieuſe m'étourdit ſur les ſouvenirs qui pourroient encore me tester de mon ancienne ſplendeur; je ne regrette ni les richeſſes ni le rang ni les honneurs dont je jouiſſois à Babylone, & l'amour & les vertus d'Achénob ſont des tréſors que je ne troquerois pas contre tous ceux que j'ai perdus.

Miſogug avoit écouté Altéma avec la plus grande attention; & pendant ſon récit, le plaiſir & la douleur s'étoient peints tour-à-tour ſur ſon viſage. En ſongeant à ce qu'Altéma avoit fait pour lui, il regrettoit moins ce qu'elle n'avoit pu faire; & contemplant Achénob avec envie & Altéma avec admiration, la voilà, diſoit-il en lui-même, la voilà cette femme vertueuſe qu'Itochipul m'avoit annoncée; je la trouve enfin; elle eſt devant mes yeux; je lui parle, & ce n'eſt point pour moi qu'elle reſpire! Il n'y avoit peut-être qu'elle dans toute l'Aſſyrie qui pût me rendre heureux, & c'eſt d'un autre que moi qu'elle est devenue l'épouse. Maudit prophète ! falloit-il me faire tomber dans les pièges d'une coquette qui auroit ri en me voyant couper le col, d'une Thaméfis qui auroit pleuré après m'avoir tué à force de caresses, & d'une Hiloé qui ne vouloit rire & pleurer qu'avec de jeunes Mages, puisque la belle Altéma ne devoit point m'appartenir ? Falloit-il sur-tout me livrer à ce vilain Ministre des Ibis, qui m'a fait voyager si long-tems avec un serpent & un chat ?

Misogug fut prié à son tour de raconter ses aventures ; il le fit de bonne grace, & ses hôtes l'écoutèrent avec beaucoup d'intérêt. La belle Altéma sur-tout parut enchantée, lorsqu'elle apprit que, par amour pour elle, il n'avoit point voulu de maîtresse en titre, malgré toutes les agaceries des femmes de Synopolis ; & prenant de là occasion de faire l'éloge de l'amour, elle prouva par d'assez beaux raisonnemens qu'il n'y avoit que cette passion qui fît faire de grandes choses, lorsqu'elle étoit bien dirigée, & qu'elle se bornoit à un seul objet. Il étoit déjà tard, & Misogug devoit avoir besoin de repos. Achénob le conduisit aussi-tôt dans une petite chambre où il trouva un assez bon lit; mais où il ne dormit point, quoiqu'il y eût déjà long-tems qu'il n'eût goûté le sommeil. Il rêva, toute la nuit, à la belle Altéma, & sa passion l'égara au point de concevoir des projets indignes de lui. Je suis encore Roi, disoit-il; en retournant à Synopolis, on m'y reconnoîtra sans peine. Ne pourrois-je pas employer la force pour reprendre un bien qui est à moi?...Des pensées aussi criminelles ne pouvoient pas longtems l'occuper. Eh quoi! ajoutoit-il, je troublerois le repos de celle que j'aime! je trahirois Achénob, mon libérateur & le sien! l'homme à qui je dois la vie & celle de ma maîtresse!

Ah ! jouissons plutôt du spectacle de leur vertu ; il est si rare sur la terre ! Achénob & Altéma peuvent servir d'exemple à l'univers, & je voudrois les punir d'être honnêtes ! cherchons plutôt à les imiter ; & si jamais j'y parviens, je n'aurai plus rien à desirer.

Le jour surprit Misogug dans ces réflexions ; il se leva comme agité par le démon du remords, alla remercier ses hôtes, & leur demanda si le château de Fenler étoit loin de leur habitation. Achénob lui répondit qu'il n'étoit distant que d'environ trois milles, & que le Seigneur Indab l'habitoit.... Indab, s'écria Misogug ! le meilleur de mes amis ! Il est là sans doute avec ma famille. Volons, respectable Achénob ; après avoir revu ma maîtresse, il ne me reste plus qu'à embrasser les auteurs de mes jours ; le vénérable Alloyo mon Précepteur, & sur-tout Indab que j'ai rendu vertueux en lui pardonnant son crime. Volons, ne perdons pas un instant ; la belle Altéma permettra sans doute que vous me conduisiez au château de Fenler ; c'est au nom de la nature & de l'amitié que je vous en prie. Achénob se rendit aux vœux de Misogug, qui pleura beaucoup en quittant la belle Altéma, & lui jura qu'il l'aimeroit toujours.

DIVERS PORTRAITS.

ACHÉNOB se retira dès qu'il eut conduit Misogug dans le château de Fenler : il étoit trop impatient de revoir Altéma, pour y faire un long séjour ; & Misogug courant se jetter dans les bras d'Indab : Et mon père, dit-il, dont je ne suis point le fils, & ma respectable mère, & le bon Alloyo, où sont-ils ? où sont-ils ? Je ne viens ici que pour les embrasser ; ah ! dites-moi, je vous prie, si je les reverrai bientôt ! Indab reconnut vîte son cher Misogug, & le tint long-tems serré dans ses bras, sans pouvoir dire une

une parole. Après les premiers transports de l'amitié, il l'informa, les larmes aux yeux, que son père, dont il n'étoit point le fils, & que sa respectable mère n'étoient plus, & que le bon Alloyo les avoit suivis au tombeau, en apprenant la prétendue mort de son bien aimé disciple. Misogug les regretta tous trois sincèrement, leur fit élever à chacun un mausolée, un peu moins magnifique que celui de Bélus, & les arrosa, pendant plusieurs jours, de ses larmes; son père avoit choisi Indab pour héritier, croyant que Misogug n'étoit plus; mais Indab restitua aussi-tôt tous ses biens à son ami, disant qu'il n'en avoit été que le dépositaire.

Dès que la nouvelle du retour de Misogug fut répandue à Babylone, le Roi Isoül lui fit dire qu'il l'aimoit & l'estimoit toujours, & qu'il l'attendoit pour lui rendre toutes ses charges. Les Synopolitains, d'un autre

BIBLIOTHÈQUE IMPÉRIALE IMPR.

côté, lui envoyèrent des ambaſſadeurs pour lui apprendre que le Grand-Prêtre des Ibis avoit été empalé en punition de ſes crimes, & les conjurés du Roi de Tanis pendus. Ces ambaſſadeurs le prièrent, au nom de ce peuple, de venir remonter ſur ſon trône, & de leur rendre le bonheur qu'une longue anarchie leur avoit enlevé. Miſogug refuſa toutes ces offres : il fit dire aux Synopolitains qu'il ne vouloit plus les gouverner ; qu'il n'étoit point aſſez dévot pour cela, & que leurs Grands - Prêtres étoient trop ſcrupuleux. Il écrivit fort reſpectueuſement au Roi Iſoüil, que les Généraux d'armée étoient expoſés à trop de dangers ; qu'on leur tendoit mille pièges pour les faire échouer dans leurs entrepriſes ; qu'ils étoient obligés pour ſe battre contre les Égyptiens d'employer des ibis au lieu de ſoldats ; qu'il ne vouloit plus ſe battre avec perſonne ; qu'il reſpectoit & bénissoit chaque jour le Roi Isoüil & la belle Immaroé son épouse ; qu'il étoit reconnoissant de leurs bontés, & que chaque jour il adressoit des vœux au ciel pour leur prospérité; mais qu'il ne desiroit plus d'occuper aucune charge à leur Cour ou dans leurs armées, & que tous ses vœux se bornoient à vivre heureux dans son hermitage de Fenler, à y causer avec Indab son ami, & à rêver à la belle Altéma.

La belle Altéma l'occupoit uniquement. Curieux cependant de savoir si Indab son ami, à qui il venoit de raconter ses aventures, avoit été aussi malheureux en femmes que lui, il le pria un jour de ne lui rien cacher des siennes. Depuis que le sort nous a séparés, lui dit-il, avez-vous trouvé quelque femme qui, vous aimant véritablement, ne vous ait pas trouvé assez bon Gentilhomme pour vous épouser ? En avez-vous rencontré beaucoup qui aient eu les dernières bontés pour de jeunes Mages déguisés en femmes? Beaucoup qui aient traité les crocodiles comme Hiloé traitoit Messieurs les Mages? Beaucoup enfin qui vous aient exposé à tuer un rival pour un cheveu? J'en ai connu de bien plus extraordinaires, lui répondit Indab ; & puisque vous le desirez, écoutez le récit de mes amours : ils sont aussi singuliers que les vôtres ; mais je peindrai rapidement pour ne pas vous ennuyer, & ne ferai qu'ébaucher les figures ; votre imagination y mettra le dernier trait.

Trompé jusqu'à ce moment par un sexe qu'il avoit trop aimé, & voulant rouvrir son ame à la haine qu'Alloyo lui avoit inspirée pour ce sexe perfide & volage, Misogug prêta la plus grande attention à son ami, qui commença de la sorte.

N'ayant point eu, comme vous, un Précepteur qui ait voulu faire de moi un homme impaſſible, & qui m'ait donné des leçons de chaſteté en me liſant un livre contre les femmes, dès que j'eus atteint l'âge de puberté, je trouvai les femmes ſi belles & ſi attrayantes, que je jurai de leur conſacrer ma vie. J'ai tenu parole juſqu'à ce moment, & par combien d'épreuves ne m'ont-elles point fait paſſer! La première qui captiva mes vœux étoit une coquette ſi capricieuſe, que vous croirez à peine le ſacriſice qu'elle exigea de moi. Depuis un mois je l'adorois; mes hommages ne lui avoient point déplu, & j'étois ſur le point d'obtenir le prix de ma conſtance, lorſqu'elle me dit un jour du ton le plus paſſionné & le plus tendre : Vous m'aimez, Seigneur Indab, & vous devez être bien sûr de ma flamme; mais combien je vous aimerois davantage, ſi vous vouliez m'accorder une grace qui vous embelliroit ſingulièrement à mes yeux! Je lui demandai en quoi consistoit cette grace. Vous êtes bien fait de votre personne, ajouta-t-elle ; jambe fine, taille svelte, port majestueux, air de grandeur & de force ; voilà d'abord ce qu'on admire en vous, & voilà ce qui m'a toujours charmée ; mais vous avez le nez un peu long, & j'eus toujours en horreur les nez qui passent la mesure : coupez-vous-en la moitié ; vous deviendrez plus joli garçon, & je serai à vous pour la vie. Ce discours m'étonna un peu ; mais j'étois si épris de cette singulière beauté, que je sortis en lui promettant de revenir aussi camus qu'il me seroit possible de l'être ; & rentré chez moi, j'allois moi-même avec un rasoir élaguer la partie trop saillante de mon visage, lorsqu'un de mes amis, m'arrêtant le bras, me demanda avec une sorte d'effroi si j'étois devenu fou. Non, lui dis-je, mais je suis amoureux ; ma maîtresse me demande la moitié de mon nez, & il faut bien que je la lui donne. Cet ami me prouva que rien n'étoit moins néceſſaire ; qu'à coup sûr cette femme ſe moquoit de moi, & qu'il falloit l'éprouver : en conſéquence, il fit faire avec de la cire une moitié de nez fort proprement arrangée, la couvrit artiſtement d'un morceau de taffetas couleur de chair ; & l'ayant pliée dans du coton, & enfermée dans une boîte, nous l'envoyâmes à la belle. Trompée par ce ſimulacre ingénieux, cette femme m'écrivit auſſi-tôt que je devois être laid à faire peur, n'ayant plus que la moitié de mon nez ; qu'elle avoit toujours déteſté les camards, & qu'elle me prioit inſtamment de ne plus m'offrir à ſa vue. J'allai la trouver malgré ſa perfidie ; je parus devant elle avec mon nez à découvert ; & dès qu'elle l'apperçut dans toute ſa longueur, sûre que je m'étois moqué d'elle à mon tour, elle voulut ſe jetter à mes pieds, & me demander pardon ; mais l'illusion étoit dissipée : je la trouvai aussi laide que si elle-même étoit devenue camuse ; & lui conseillant de ne plus exiger qu'on se coupât le nez pour ses beaux yeux, je la quittai brusquement, & ne suis plus retourné chez elle.

Cette femme, dit Misogug, ressemble furieusement à Zallaté. Ne seroit-ce point elle-même ? Non, répondit Indab ; j'ai connu, ainsi que vous, cette Zallaté. Celle dont je parle étoit une coquette d'une autre espèce. Les coquettes sont en aussi grand nombre & leur caractère est aussi varié, que les brillantes étoiles qui forment au plus haut des cieux l'immortelle couronne d'Orosmade. Une autre beauté ne tarda pas à me rengager dans les chaînes que j'avois brisées ; celle-ci avoit passé la grande jeunesse, & j'étois dans mon printems. Je n'avois aucune expérience des femmes, & la science du cœur lui étoit depuis long-tems familière : il me suffit de la voir une fois pour l'aimer. L'important étoit de le dire sans déplaire ; je le dis si gauchement & d'un air si embarrassé, que d'abord elle me fit entendre qu'il falloit s'y prendre d'une autre manière ; j'interprêtai mal ses intentions ; je crus qu'elle se fâchoit ; j'eus la bêtise de prendre pour de la dignité ce qui n'étoit que de l'indulgence ; je craignis enfin de l'avoir offensée, & la priai de m'accorder un rendez-vous pour lui demander pardon : elle y consentit de bonne grace. J'arrivai chez elle tout effaré, & comme un criminel qui va paroître devant son juge. Je la croyois tellement irritée, qu'il falloit bien que, pour la décence, elle le parût un peu. Je m'efforçai pour la calmer de lui faire croire qu'elle étoit très-vertueuse, qu'au moins je l'avois toujours crue telle. Elle me dit que certaines foiblesses ajoutoient à la vertu, que la vertu consistoit à aimer, & qu'il n'y avoit de vicieux que les indifférens ; je l'entendis pour le coup. Ce discours me donna les espérances les plus fondées, & j'étois prêt à les voir se réaliser, lorsqu'apprenant la mort de mon frère, je vous attendis au coin d'une rue pour me venger. Vous n'avez point oublié le reste, & je ne m'en souviens que trop, hélas ! Je restai quelque tems en prison ; vous me fîtes obtenir ma grace, & je ne profitai de ma liberté que pour aller voir la femme qui devoit me la rendre chère. Je craignis que mon coupable emportement envers vous ne m'eût perdu dans son esprit, & qu'elle ne me méprisât. Elle avoit entendu parler de mes remords ; elle en vit sur mon front les marques les moins suspectes. Je tremblois en l'abordant ; elle me reçut avec bonté, & me rassura en me disant : L'homme qui se repent, est bien plus près de la vertu que celui qui n'a jamais commis de faute ; la vôtre d'ailleurs a une cauſe reſpectable, & c'eſt la première qu'on puiſſe vous reprocher : votre vie juſqu'à ce moment avoit été pure & ſans tache, & puiſque le crime vous a été étranger, il vous le ſera toujours. Le remords eſt comme le feu ; il épure tout ce qu'il touche.

Enchanté de la voir prendre ma défenſe contre moi-même, je lui demandai ſi elle m'aimoit encore ; elle m'aſſura qu'oui, & je voulus qu'elle me le prouvât ſur l'heure. Oh ! arrêtez, ajouta-t-elle, vous m'auriez eue au dernier rendez-vous que je vous ai donné, ſi vous aviez mieux connu mon ſexe & moi-même. Je ſens que je ne n'aurois pas pu vous réſiſter ; mais vous avez laiſſé paſſer le moment, & ne croyez pas qu'il revienne. J'ai eu le tems de réfléchir ſur le danger ; j'en ai vu toute l'étendue, & j'en frémis encore : ma poſition eſt, à peu de choſe près, extrêmement ſemblable à la vôtre. Le remords, depuis que vous avez failli, vous a rendu meilleur que vous n'étiez avant votre chûte : je n'ai point failli moi, mais j'en ai été si près, que le repentir & la honte se sont aussi emparés de moi, & je ne veux plus désormais leur donner de prise sur mon ame. J'aurai d'autant plus de mérite à triompher de moi, que je vous aime plus, s'il est possible, qu'avant l'événement fatal qui vous a éloigné de ma présence ; & que..... O l'admirable femme, s'écria Misogug ! N'est-ce point celle-là qu'Itochipul avoit en vue, lorsqu'il m'a fait entendre que je pourrois en trouver une parfaite ? Je l'ignore, répliqua Indab ; mais elle mourut peu de tems après, & elle fut regrettée de tout le monde autant que de moi-même, & j'appris qu'elle étoit bienfaisante au dernier point, discrète, généreuse, délicate, & que son époux, ses parens, ses amis, n'avoient jamais pu lui faire un reproche fondé, quoiqu'elle eût toujours vécu dans le grand monde, & que sa beauté l'eût exposée à des dangers renouvellés sans cesse.

Je donnois encore des larmes à son trépas, lorsque j'entendis un matin un char étranger s'arrêter devant la porte de ma maison. Un esclave monte aussi-tôt chez moi, & demande à me voir de la part de sa maîtresse, femme d'un Satrape; je le fais entrer, & il me remet un billet où elle me prioit d'aller la trouver à l'instant même, vu qu'elle avoit quelque chose d'important à me communiquer. Elle ajoutoit par apostille qu'elle m'envoyoit son équipage, pour que j'arrivasse plus promptement chez elle. La politesse naturelle aux Babyloniens me fait descendre aussitôt: je monte dans son char, que traînoient deux coursiers impatiens & superbes; & quoique le trajet fût assez long, je fus rapidement porté au palais de cette belle. A peine elle me vit entrer dans son appartement que ; me faisant asseoir auprès d'elle, elle me parla en ces termes : Je vous ai vu dernièrement au grand théâtre de Babylone ; vous m'avez plu par votre air noble & majestueux, & comme je ne sais point traîner les affaires en longueur, je vous ai mandé pour vous dire que je vous aime. Cette déclaration vous étonne ; mais apprenez que je suis une femme de la Cour, & que, dans ce pays-là, on sent le prix du tems ; si vous le sentez, ainsi que moi, vous ne m'en ferez pas dire davantage. Quoique le dernier objet de mon amour n'existât plus, mon cœur étoit encore brûlant de son image, & d'ailleurs n'ayant jamais fait cas des jouissances trop faciles, je répondis aussitôt : Vous m'honorez beaucoup, Madame, en daignant me choisir parmi tant d'autres Babyloniens pour occuper vos loisirs, & je serois, je le sens, aussi heureux que fier de cette préférence, si..., Point de si ni de mais, interrompit-elle vivement; songez bien qu'en vous faisant une avance aussi marquée, je ne me suis pas attendue à des obstacles, & que, si vous m'en opposez, persuadée que c'est afin de jouir de ma honte, je me porterai pour les détruire à des extrémités que mon honneur me rend nécessaires, & dont nous n'aurons tous deux qu'à nous repentir. Voyant qu'elle prenoit son parti d'une manière aussi tranchante, je me radoucis un peu, & lui donnant à entendre que l'amour n'avoit du prix que par le mystère, je lui demandai une clef de son jardin, & lui promis de revenir, la nuit suivante, m'enivrer dans ses bras des voluptés qu'elle m'offroit. Elle m'approuva, me remit une petite clef dont elle m'apprit l'usage, & le soir même, ayant fait prendre mes habits à un de mes esclaves, qui étoit à-peu-près de ma taille, je l'envoyai à ma place au rendez-vous. Il satisfit pleinement la femme du Satrape, qui le prit pour moi à la faveur de la nuit; & soit que l'ardeur de cette femme fût appaisée par cette visite, soit qu'un autre objet lui en eût inspiré une nouvelle, elle me laissa en repos, & ne m'envoya plus son char. Parions, dit Misogug, que cette femme avoit beaucoup d'embonpoint? Non, répliqua Indab; elle étoit grande & assez maigre. Tans pis, ajouta Misogug! je croyois que c'étoit la grosse Thamésis, & je vois que je me suis trompé. Je me trompe toujours quand il s'agit d'appliquer un caractère sur une physionomie de femme. Oh! je vois bien que je ne les connoîtrai jamais. Cette Thamésis écrivoit aussi des billets du matin aux jeunes gens de Babylone; elle avoit aussi un jardin, & si elle n'avoit pas un peu trop distingué les crocodiles.... Mais poursuivez, mon cher Indab; votre récit m'intéresse extrêmement.

& je ne ſais pourquoi j'ai la rage de vous interrompre, & de vous aſſommer de mes commentaires.

Vous dites, reprit Indab, que vous ne parviendrez jamais à connoître les femmes; & qui peut ſe vanter de lire jamais dans leur cœur ? Il n'eſt point de fil qui conduiſe à travers ce labyrinthe, ou ſi, par haſard, on y fait quelques pas, le peloton s'échappe, & l'obſervateur reſte au milieu des ténèbres. Celle dont je vais vous parler en eſt bien la preuve. On l'appelloit la femme aux Douze Amans, parce qu'en effet elle en avoit toujours douze, parmi leſquels il y en avoit onze qu'elle rendoit heureux, & un à qui elle n'accordoit rien; c'eſt le dernier qu'elle aimoit véritablement, & qu'elle appelloit l'homme du cœur. La crainte peut-être fondée qu'elle avoit de le refroidir par la jouiſſance, l'engageoit principalement à lui tenir rigueur, ou plutôt voici comme je l'ai ſouvent entendu raiſonner. Ce que j'accorde aux hommes des ſens, diſoit-elle (c'eſt ainſi qu'elle nommoit les onze fortunés amans), eſt ſi peu de choſe, que l'homme du cœur ne peut pas ſe plaindre qu'on lui uſurpe rien; il a le cœur, il a tout; que pourroit-il deſirer encore? Je ne puis donner aux hommes des ſens ce que j'eſtime ſi peu, ſans leur prouver que je les mépriſe; & comme l'amour eſt une union toute ſpirituelle, ce que je refuſe à l'homme du cœur, eſt le préſent le plus précieux que je puiſſe lui faire, & je le rends négativement auſſi heureux qu'un amant aimé ait droit de le devenir. De quoi ſe plaindroit-il donc? Il poſsède la partie la plus noble de mon être, & les autres n'ont rien qu'on ne trouve aiſément par-tout.

Ne connoiſſant point encore le ſyſtême de cette femme ſingulière, & la voyant accueillir avec bonté pluſieurs de ceux qui lui offroient leurs hommages, je me mis ſur les rangs. La place de l'homme du cœur venoit de vaquer; celui-ci un peu matériel, ne s'étant point accommodé d'un régime trop ſévère, avoit été chercher fortune ailleurs, & bientôt on me déſigna pour lui ſuccéder. J'étois jeune, impétueux, ardent; lorſque ma nouvelle conquête m'aſſura que j'étois préféré, je tombai à ſes genoux pour la remercier, & voulus prendre les licences que l'amour autoriſe. Arrêtez, me dit-elle ſans courroux, mais avec dignité & nobleſſe! arrêtez! que faites-vous? Je vous aime, & vous voulez que, par des faveurs de ſi peu de prix, je vous ravale & me rabaiſſe moi-même, & que nous devenions tels que de vils animaux? Notre ame eſt ce qu'il y a en nous de plus élevé & de plus ſublime; je vous ai donné la mienne, en même tems que vous m'avez fait préſent de la vôtre; jouiſſons de notre ame, & laiſſons la dépouille mortelle qui l'enveloppe abandonnée à sa misère naturelle. Ce discours me parut digne d'un esprit céleste, & je l'aurois fort goûté, si j'avois été un Dieu; mais malheureusement j'étois un homme & j'avois un corps, & ne pouvant venir à bout de le persuader à la personne qui m'intéressoit le plus en ce moment, je me retirai de sa société en lui conservant un respect profond & une admiration sincère. Je ne vous cacherai pas même que j'enviai un peu le sort de ceux qu'elle appelloit *les hommes des sens* : elle étoit belle & fraîche, & j'avois alors le goût plus terrestre qu'à présent. La belle Sophisca ne les avoit point encore épurés par son commerce tout angelique, & par l'amour qu'elle m'a inspiré depuis pour les sciences & les plaisirs purs qu'elles procurent.

Cette Sophisca est donc une femme bel esprit, dit Misogug? Il y a longtems que j'en cherche une de ce caractère. C'eſt une Sophiſca peut-être qu'Itochipul a eue en vue dans la prédiction qu'il m'a faite. Oh ! de grace conduiſez-moi chez elle, &, ſi vous ne l'aimez point, je m'efforcerai de lui plaire. Je l'aime plus qu'aucun autre, répliqua Indab ; elle eſt l'unique objet de mes affections & de mes hommages ; mais n'importe ; je vous menerai chez elle, puiſque vous le deſirez. Miſogug eſt trop mon ami, pour que je craigne de trouver en lui un rival, & celui à qui je dois la vie eſt sûrement incapable de m'enlever ma maîtreſſe. Vous me rendez juſtice, ajouta Miſogug ; jamais l'amour ne me fera manquer à l'amitié. Vous devez avoir cependant d'autres portraits à me faire ; continuez-les, je vous prie. Indab ne ſe fit point preſſer pour achever ſes récits. On parle avec plaiſir d'un ſexe intéreſſant, même lorſqu'il trompe ; & les ſouvenirs qu'il laiſſe ſont ſi doux, qu'ils deviennent des jouissance pour ceux qui n'en peuvent avoir que de cette espèce.

AUTRES PORTRAITS.

LA belle aux douze amans, reprit Indab, étoit femme de qualité, & jusqu'à ce moment, je n'avois guères eu à faire qu'à des personnes de cet ordre. Cependant j'apperçus de jolis minois parmi la bourgeoisie, & je voulus en tâter. J'étois lié, depuis ma malheureuse affaire, avec un homme de loi qui avoit plaidé pour moi, & dont la femme m'avoit paru répondre honnêtement & avec plaisir à de certaines galanteries d'usage. Je me rapprochai de cette beauté, & lui en fis de nouvelles; elle y répondit encore mieux, & nous ne tardâmes pas à nous entendre si bien, que le mari, selon la coutume, me traita, aux caresses près, avec autant de bonté que la femme, & me crut son meilleur ami. Cette femme me donnoit des rendez-vous chaque fois qu'il alloit plaider au grand tribunal de Babylone, & je n'en revenois jamais que rassasié de délices ; elle me disoit toujours qu'elle n'aimoit que moi ; elle me le prouvoit sans cesse. Une seule chose me fit un peu douter de la sincérité de ses déclarations ; elle idolâtroit la parure ; tout son plaisir étoit d'avoir des robes nouvelles, & de les faire voir à tout son quartier, les jours qu'on célébroit les fêtes de Bélus & de Mithra. Je l'avois séduite principalement en lui offrant plusieurs belles étoffes de Phénicie ; je voulus voir si son cœur seroit à l'épreuve de pareils présens, & voici le piège que je lui tendis.

Un taffetas tout soie de Cachemire & à mille raies, étoit alors fort à la mode dans Babylone, & la mode ayant toujours été la divinité favorite des Babyloniens, chaque femme vouloit avoir une robe de cette étoffe ;

elle étoit chère néanmoins, parce que c'étoit pour la première fois qu'elle paroissoit en Assyrie, & ce n'étoit qu'à un très-haut prix que l'on pouvoit s'en procurer. Ma nouvelle maîtresse me fit bientôt connoître le desir qu'elle avoit de se parer d'un taffetas de Cachemire; son mari étant peu riche, il ne lui laissoit que peu d'argent, & c'étoit me dire d'y suppléer. Je l'entendis à merveille, & quoique ma fortune me permît de faire cette dépense, je lui dis qu'il falloit attendre que des fonds qu'on me devoit me fussent rentrés, & je me déguisai cependant en marchand Cachemirien, & contrefaisant ma voix me rendis chez elle un matin avec la plus belle pièce de taffetas que j'eusse pu trouver dans la ville; je l'étalai à ses avides yeux, & ne saurois vous dire avec quelles délices ils la parcoururent. Dieu! le beau taffetas, s'écrioit-elle à chaque instant! qu'il est doux! qu'il

est

eſt moëlleux! que les couleurs en ſont tendres & bien choiſies ! quelle délicateſſe dans les nuances ! quel fini dans le travail ! Jamais enfin le tableau du plus habile Peintre n'avoit été loué avec plus d'enthouſiaſme & d'exagération. Je lui dis que, puiſque ce taffetas lui plaiſoit tant, je le lui laiſſerois à bon compte, & que, pour deux talens, elle en ſeroit quitte. Deux talens, répondit-elle ! je pourrois bien, dans quelque tems, avoir cette ſomme, & ſi vous vouliez attendre ou me faire crédit. . . . . Ma réplique à cette propoſition lui donna à entendre qu'on faiſoit toujours crédit à une jolie femme à de certaines conditions, & que d'ailleurs elle portoit toujours avec elle aſſez de tréſors pour payer comptant les créanciers un peu preſſés : elle me comprit, ſourit même, me dit en minaudant qu'il y avoit quelquefois des créanciers bien aimables, & qu'il étoit difficile de ne pas desirer de leur devoir toujours. Ces mots étoient si polis & si expressifs que je tombai à ses genoux, & la priai d'accepter ma pièce d'étoffe & mon cœur : elle agréa celui-ci, & feignit de refuser l'autre. Je mis alors la pièce de soie sous mon bras, sûr que la belle la convoitoit excessivement, & lui donnant l'adresse d'une petite maison que j'avois sur les remparts, je la priai de venir bientôt l'y chercher, que j'aurois moi-même le plaisir de la lui remettre, & de lui offrir un souper à la cachemirienne ; elle y consentit, & ne manqua pas de s'y rendre le jour convenu. Je lui livrai le taffetas ; & comme elle alloit me témoigner sa reconnoissance par un échange où je devois gagner infiniment, j'ôtai la fausse barbe qui me déguissoit, la coëffure qui me couvroit la tête, & paroissant sous ma figure naturelle : Gardez, lui dis-je, Madame, la pièce de taffetas ; mais ſouffrez que je ne me charge plus des détails de votre garderobe, & retournez à votre mari. C'eſt à un mari, & non à un amant, qu'il convient d'avoir pour rivaux tous les marchands de ſoie de Babylone.

Cette femme, ſi épriſe de pompons & des ornemens de ſon ſexe, avoit une petite nièce d'environ douze ans & demi qui habitoit la même maiſon, & dont les goûts étoient bien différens. J'avois pour elle l'amitié pure qu'inſpire un enfant; je l'appellois ma petite femme par une ſuite de ce ſentiment, & elle me nommoit ſon petit mari. Je ceſſai de la voir en ne retournant plus chez ſa tante; mais elle avoit conçu pour moi plus que de l'amitié, & mon abſence lui cauſa des regrets ſi vifs, qu'elle devint triſte & rêveuſe d'enjouée qu'elle étoit, & elle n'avoit quelque plaiſir que lorſqu'on lui prononçoit mon nom. Comme je ne pouvois point me paſſer de maîtresse, je rentrai dans le grand monde, après avoir quitté sa tante ; je m'attachai à une femme nommée Tanarime, qui, depuis long-tems, étoit séparée de son mari, & qui, sans être veuve en effet, jouissoit de tous les privilèges du veuvage. Vous savez que Babylone est remplie de veuves de cette espèce, & qu'on les épouse souvent sans se marier. La jeune Auréliane (c'est le nom de la petite nièce dont je viens de parler), ignorant que Tanarime eût un époux, entendit dire un jour que j'allois le devenir, & prenant à la lettre ce qui n'étoit que figuré, elle tomba dangereusement malade : elle étoit fière & délicate, quoiqu'à peine dans l'âge où l'on connoît ces vertus. On l'interrogea souvent sur la cause de son mal, & elle s'obstina à le taire ; son silence néanmoins ne faisant que le redoubler, on commença à craindre pour sa vie, & l'on manda les Médecins ; ils jugèrent à la violence de la fièvre & à d'autres ſymptômes, que la petite avoit de l'amour pour quelqu'un, & qu'elle dépériſſoit par l'excès d'une paſſion concentrée. On ne voulut point les croire; mais l'événement confirma bientôt qu'ils ne s'étoient point trompés.

A l'inſtant qu'elle ſouffroit le plus, je paſſai ſur une galerie des jardins ſuſpendus tenant Tanarime ſous le bras, & la promenant avec orgueil, comme ſi en effet elle eût été ma conquête. Cette galerie étoit ſituée vis-à-vis la chambre de l'infortunée Auréliane, & l'on pouvoit aiſément me voir de ſa fenêtre. Quelques perſonnes, qui étoient près de ſon lit, dirent que j'étois là avec ma prétendue. A ces mots, Auréliane ſouleva ſa tête appéſantie; elle ouvrit les yeux que juſqu'à ce moment elle avoit tenus fermés, les arrêta ſur moi un inſtant, & pouſſant avec effort un cri profond & douloureux, elle laiſſa retomber sa tête sur son chevet, & y resta comme anéantie. On lui fit plusieurs questions sur les marques d'effroi qu'elle venoit de donner; elle se tut avec plus d'obstination qu'auparavant; mais pouvoit-on encore douter que je ne fusse la cause de ses souffrances? Elle demeura deux jours dans cet état, sans prononcer une seule parole. Le troisième enfin, on vint me dire qu'Auréliane se mouroit, & que seul je pouvois lui rendre la vie. Je vole à ces mots, malgré les torts que sa tante avoit eus avec moi; elle-même ne voyant que le danger de sa nièce, m'explique tout en peu de mots; je m'approche du lit de la jeune malade; je l'appelle à grands cris, & par les noms les plus tendres & les plus doux; je l'assure qu'on l'a trompée en lui disant que j'allois épouser Tanarime; que Tanarime est déjà liée par les nœuds de l'hymen, & qu'il est impossible que je devienne son mari.

Je la nomme ma petite femme ; je lui jure que je ne veux point en avoir d'autre, & la prie de me donner devant ses parens & à la face du Ciel cette main qui fait tous mes vœux ; je la presse avec tant d'instance, ma douleur étoit si vraie & mes sanglots si déchirans, qu'elle ouvre les yeux de nouveau, attache sur moi un regard où, malgré les ombres de la mort qui déjà l'obscurcissoient, se peignoient à la fois la passion & le reproche, & me tendant cette main que je souhaitois, expire en la mettant dans la mienne. Je couvre de baisers cette main glacée par le trépas, & jugez de ma surprise, lorsque j'y trouve un billet où étoient écrits ces mots : Épousez Tanarime, & laissez-moi mourir.

Ah ! s'écria Misogug en sanglotant, que n'ai-je aimé des Aurélianes ! je n'aurois pas été trompé si souvent. Voilà en effet, poursuivit Indab, de quelle nature est l'amour dans le cœur des jeunes filles de douze ans & demi. Les femmes sont presque parfaites à cet âge ; & si elles se corrompent, c'est notre faute ; c'est celle de la société, & des usages qu'on y révère & qu'on y suit aux dépens de la raison & de la sensibilité. Je croirois d'ailleurs que les femmes, ainsi que nous, n'aiment guères qu'une fois, & que leur première passion est ordinairement la plus vraie & la seule peut-être qui soit sincère. Tanarime ne tarda pas à me le prouver. Ah ! de grace, répliqua Misogug ; continuez-moi son histoire : je la crois moi attendrissante que celle d'Auréliane ; & pour me guérir de l'impression de tristesse que celle-ci m'a laissée, je sens que j'ai besoin d'être un peu égayé. Vous allez l'être, ajouta Indab. Tanarime étoit la femme la plus froide, mais en même tems la plus franche que j'aie jamais connue ; elle ne mettoit jamais en usage aucun art pour se faire aimer ; elle n'aimoit perſonne enfin, & ſe laiſſoit aimer de tout le monde, & tant qu'on vouloit, même ſans jamais ſe fâcher ou ſe plaindre. Lorſque je lui déclarai ma paſſion pour la première fois, à qui vous adreſſez-vous, me dit-elle ? Hélas ! je ne ſuis plus en état de répondre à votre ardeur ; je n'ai aimé qu'un homme dans ma vie ; il a épuiſé mon cœur, & n'y a rien laiſſé pour ſes rivaux. J'avois à peine quinze ans que l'Archi-mage Itochipul m'adreſſa ſes hommages, & qu'il eut toutes mes affections. L'Archi-mage Itochipul, s'écria de nouveau Miſogug ! ah ! je n'en ſuis pas étonné. Cet Archi-mage a eu bien d'autres bonnes fortunes, & puiſſent enfin ſe réaliſer celles qu'il m'a prédites ! je lui pardonnerai tous les torts que je le ſoupçonne d'avoir eus avec moi. Tanarime, reprit Indab, alla plus loin encore ; elle m'aſſura qu'Itochipul étoit le ſeul qui lui eût vraiment fait connoître le bonheur.

Elle avoit eu un mari & des amans en grand nombre ; elle me protesta que ni son mari ni ses amans n'avoient pu lui faire en aucun moment partager leur ivresse, & que tous, excepté Itochipul, n'avoient jamais ému ses sens ; qu'elle étoit restée froide sous leurs baisers brûlans, & qu'ils n'avoient pressé dans leurs bras qu'une statue inanimée.

Je lui dis qu'apparemment ils ne l'avoient aimée qu'à demi, que je l'adorois sans partage, & que, si elle vouloit avoir la même indulgence pour moi, je me conduirois de manière à lui faire retrouver ses sens, & à lui créer un cœur. Vous le croyez, me répondit-elle ; mais vous y perdrez votre peine. J'ai déjà fait tant d'essais qui ne m'ont point réussi avec des gens qui me parloient comme vous ! Je la conjurai de me mettre à l'épreuve, & elle y consentit quelques jours après. J'étois dans la force de l'âge, & j'aimois autant qu'on puiſſe aimer. Eh bien ! le croiriez-vous ? tous mes efforts, tous mes exploits même ne purent vaincre la froideur de Tanarime. Tu as été ſans doute heureuſe, lui dis-je au ſortir de ſes bras ? Que vous avois-jè dit, me répondit-elle en riant de toute ſa force ? pas plus que ſi vous étiez mon mari.

Toutes ces aventures éclairèrent un peu Miſogug ſur le caractère des femmes ; mais elles ne lui ôtèrent point le deſir d'en trouver une parfaite. Il rappella à ſon ami la promeſſe qu'il venoit de lui faire de le mener chez Sophiſca ; ſon château étoit peu loin de celui de Fenler, & il ne leur fallut pas beaucoup de tems pour s'y rendre.

SOPHISCA.

COMME ils étoient en chemin, un courier de cette belle, qui rencontra Indab, lui remit un billet où elle l'invitoit à dîner, ainſi que Miſogug : elle avoit appris l'arrivée de ce dernier, & le regardoit avec respect & admiration, parce qu'il avoit fait autrefois un fort joli madrigal en l'honneur de la Reine de Babylone. Chaque ligne de ce billet étoit écrite en une langue différente : la première en vieux chaldéen, la seconde en éthiopien, la troisième en arabe, & ainsi des autres. Indab, qui avoit appris toutes ces langues pour plaire à Sophisca, déchiffra le billet sans difficulté. Misogug cependant un peu étonné de cette bigarrure scientifique, dit à Indab en soupirant : Hélas ! mon pauvre ami, je crains bien que votre Sophisca ne soit une folle qui n'ait pas le sens commun à force de chercher de l'esprit, & qu'au lieu d'une femme aimable & sensible, nous n'allions voir un véritable pédant en juppes (1). Arrêtez,

(1) Le mot jupes n'est point dans l'original ; mais on y a substitué celui-ci, parce

mon cher Misogug, répondit Indab; vous m'offensez en parlant de la sorte. Sophisca porte une ame pensante & active, qui a saisi les rapports intimes de toutes les chaînes qui lient entr'eux les êtres de l'univers créé & incréé, & qui a sondé les profondeurs de la nature avec le flambeau du génie. Il me semble, ajouta Misogug, que voilà des mots bien gigantesques pour exprimer peut-être de bien petites choses, & l'on voit bien que nous sommes près d'arriver chez la belle Sophisca.

Misogug ne se trompoit pas trop dans l'idée qu'il avoit conçue de la belle Sophisca; rien n'étoit plus singulier que la manière d'être de cette femme. Retirée aux champs, depuis quelques années, pour y cultiver les lettres en paix, loin du tumulte de la capitale, elle avoit fait bâtir, à côté de son château, une tour fort élevée,

---

qu'il rentre dans le ton général de l'Ouvrage.

& que l'on découvroit de fort loin. C'est là que l'astrolabe en main, elle passoit quelquefois la nuit à suivre le cours des étoiles, tandis que le pauvre Indab, à genoux au bas de cet observatoire, contemploit cette rivale du savant Ptolomée, & la confondant avec les astres les plus radieux, desiroit souvent d'en être un pour entrer en conjonction avec elle. L'instinct de cette femme, ou plutôt une fantaisie aveugle, l'ayant portée à cultiver toutes les Sciences, elle avoit un cabinet d'histoire naturelle, & point de boudoir; une ménagerie d'oiseaux curieux & rares, & point de basse cour où l'on élève de ces volatiles si nécessaires dans le menage; un laboratoire de chymie lui tenoit lieu de cuisine, & sa bibliothèque lui servoit de salle à manger. Il régnoit si peu d'ordre dans sa maison pour tout ce qui concerne les besoins de la vie, que, sans un intendant qui n'étoit point lettré, mais qui entendoit fort bien la dépenſe & la recette, on y ſeroit mort de faim au milieu de tant de nourritures ſpirituelles. Il n'y avoit guères que la Littérature qui charmât encore plus Sophiſca que les hautes Sciences; elle avoit à Babylone cinq ou ſix correſpondans qui lui envoyoient, chaque ſemaine, les ouvrages nouveaux, & lui écrivoient les nouvelles de cette peuplade de Pygmées toujours agités, qui ne commandent à perſonne, qui ſont expoſés même aux caprices de je ne ſais combien de ſubalternes tyrans, & qu'on a décorée cependant du beau nom de République des Lettres. Elle liſoit avec avidité toutes les productions de ces Républicains burleſques, dont l'empire n'eſt que dans la lune. Tout ce qui ſortoit de leurs plumes l'enchantoit, & elle ſe pâmoit quelquefois au récit de leurs triomphes éphémères, ſoit aux théâtres publics, ſoit aux académies. Un joli madrigal lui faisoit plus de plaisir que le gain d'une bataille, & un arrêt du Souverain, qui flétrissoit des malfaiteurs ou lavoit des innocens, lui plaisoit moins que l'épigramme du jour ou une épitalame de la veille. C'étoit, comme on voit, une excellente citoyenne, & une personne très-utile à l'état.

Sa figure étoit jolie, son teint frais, ses yeux vifs & brillans; elle touchoit à cet âge où les femmes se hâtent d'autant plus de plaire, qu'elles voient arriver la fin de leur empire, & que les graces naturelles qu'elles perdent ne peuvent être remplacées que par des agrémens de convention. Malgré ses extrêmes prétentions dans tous les genres, elle avoit peu de cette coquetterie qui tient à l'envie de s'embellir par les secours d'une toilette recherchée; elle ne mettoit point de rouge, point de bleu, point de violet, point de noir ni de blanc, & ne portoit jamais pour coëffure qu'un simple laurier entrelacé à ſes cheveux : ſa mémoire étoit prodigieuſe, & par conſéquent ſa converſation amuſoit; mais celle-ci reſſembloit à un cahos. Quoiqu'elle n'eût preſque rien lu ſans le retenir, dépourvue de cet eſprit de méthode qui claſſe les connoiſſances dans la tête, elle n'avoit que des idées confuſes, que des ſouvenirs vagues & détachés, ſemblables à ces globules éclatans, condenſés par la froidure, qui brillent un moment dans les airs, & ſe fondent aux premiers rayons du ſoleil. Elle parloit de tout, raiſonnoit ſur tout avec autant d'aſſurance que de facilité, & n'avoit ni ſyſtême ſuivi ni principes ſolides. Auſſi l'entendoit-on ſouvent avancer deux ou trois argumens pour prouver une thèſe importante, & la conclure par un conte badin; elle paſſoit ſucceſſivement d'un problême à un acroſtiche, d'un rondeau à une équation, & d'un logarithme à une charade. On l'écoutoit avec complaisance, & même avec plaisir, parce que toutes ses paroles sortoient d'une bouche couleur de rose, & qu'elles sembloient en passant prendre la teinte de cette fleur, parce qu'elle rioit quelquefois de ses propres saillies, & qu'elle laissoit voir alors les plus belles dents du monde; mais la blancheur de ses dents, mais le corail de ses lèvres n'empêchoit point qu'après l'avoir entendue jaser long-tems, on ne fût tout étonné de n'avoir rien appris, & qu'on ne se demandât en secret ce qu'elle venoit de dire. On ne s'en vouloit point de l'avoir vue une fois; à la seconde visite, on la trouvoit bavarde, & ennuyeuse à la troisième. Quelque pétillant enfin que fût son esprit, quelque brillante que fût sa conversation, ils ressembloient l'un & l'autre à ces soleils tournans qu'on admire dans les feux d'artifice, qui jettent de toute part des bluettes de toutes couleurs, &

vous éblouiſſent ſans vous échauffer.

Son portrait ne ſeroit point fini, ſi je ne diſois rien de ſa vanité & de ſon amour-propre ; l'un & l'autre étoient pouſſés chez elle à un tel excès, qu'eux ſeuls apparemment l'empêchoient d'être coquette, & la faiſoient triompher des deux paſſions les plus naturelles à ſon ſexe, de l'amour des hommes & de la haine des femmes. Elle faiſoit des vers quelquefois jolis qu'ils falloit louer autant que s'ils euſſent été déteſtables, des tragédies, des diſſertations, des harangues académiques, dans leſquelles il y avoit ſouvent des beautés qu'elle-même faiſoit remarquer à tous les auditeurs, & qu'on n'admiroit jamais aſſez. Elle ſembloit, en un mot, n'exiſter que pour penſer ou écrire, & elle ne penſoit que pour déraiſonner le plus agréablement du monde, & n'écrivoit que pour prouver ſon eſprit dont perſonne ne doutoit.

Elle avoit cependant un mari, qui auroit voulu qu'elle existât un peu pour aimer. Cet homme qui avoit quelque sensibilité, un jugement sain & un sens exquis, enrageoit de la voir sans cesse écrire, écrire, ou passer les nuits, tantôt à contempler le ciel, & tantôt à épier dans un creuset le moment où un métal alloit changer de forme; & pour le faire enrager davantage, elle lui ordonnoit souvent de souffler ses fourneaux, de ranger ses minéraux & cristallisations sur des tablettes, & le métamorphosoit en véritable garçon chymiste. Elle avoit une fille aussi, une fille charmante, quoiqu'elle ne fût âgée que de sept ans, & qui savoit déjà l'ancien chaldéen & la langue sanscrète, qui déjà avoit lu l'Almageste de Ptolomée, le livre des cinq King & le Khaster, & ignoroit la langue de son pays & l'art de plaire.

A peine arrivés chez la belle Sophisça, Indab & Misogug furent affectés de ſentimens bien contraires : elle vint d'abord au-devant de Miſogug, & l'embraſſa comme un nourriſſon des Muſes & un confrère. Indab fut un peu étonné, & très-affligé de cette préférence. Jamais Sophiſca ne l'avoit embraſſé, parce qu'il n'avoit jamais fait des vers en l'honneur de la Reine de Babylone, & Miſogug, qui aimoit encore les femmes malgré leurs perfidies, qu'elles fuſſent ſavantes ou non, reçut avec volupté cette première faveur. Il étoit pourtant incapable de trahir ſon ami ; il ſe reprocha vîte le plaiſir qu'il venoit d'avoir, & ne tarda pas à voir avec indifférence celle qui le traitoit avec tant de bonté. Il y avoit chez elle, en ce moment, une dame du palais de la Reine, qui ne contribua pas peu à cette indifférence, & qui étoit en effet une rivale bien dangereuſe pour Sophiſca. La beauté de cette dame ſurpaſſoit de beaucoup celle de la ſavante, & ſes graces avoient une nobleſſe & ſon eſprit un naturel dont jamais aucune Babylonionne n'approcha ; mais le moment de la peindre n'étant pas encore arrivé, diſons ſeulement qu'elle ſe nommoit Naïrzebah, & parlons des beaux eſprits & des ſavans qui étoient alors raſſemblés chez Sophiſca en foule. Miſogug les ſalua avec politeſſe, & ils le regardèrent à peine ; on eût dit qu'ils le prenoient déjà pour un lettré, parce qu'il avoit fait en ſa vie un joli madrigal, & qu'ils lui en vouloient du ſuccès de cette bagatelle. On ſe mit à table peu de tems après qu'il fut entré. Indab ſe plaça à deſſein auprès de la belle Sophiſca, & Miſogug preſque machinalement à côté de la belle Naïrzebah. Le troupeau des écrivains remplit les autres vuides de la table : ils parlèrent peu tant qu'ils mangèrent ; mais à peine leur appétit fut ſatisfait qu'ils criaillèrent, ſe diſputèrent, ſe chamaillèrent & s'injurièrent à toute outrance. La belle Sophiſca admiroit l'éloquence de ces grands hommes. Indab admiroit la belle Sophiſca, & Miſogug, qui n'avoit pas encore bien vu Naïrzebah, n'admiroit que la patience de ces dames & la ſienne. O les ſottes gens que de beaux eſprits, diſoit-il entre ſes dents ! & que mes bons payſans de Fenler ſont bien plus aimables, quoiqu'ils ne ſoient que des bêtes ! La belle Naïrzebah ne diſoit rien, mais elle avoit l'air de penſer tout de même ; & quand Miſogug s'en fut apperçu, il la conſidéra & l'examina davantage.

Oui, diſoit l'un avec une petite voix de fauſſet ; je ſoutiens que les anciens ont été plus loin que nous dans l'Aſtronomie, dans la Métallurgie, dans la Chymie, dans la Philoſophie, dans la Géographie, dans la Théologie.—Et moi, reprenoit l'autre avec une voix de tonnerre ; je prétends que les modernes les ont ſurpaſſés dans toutes les Sciences.—Les anciens ont tout dit & tout penſé. —Il n'y a que les modernes qui penſent. —(1) Homère eſt le créateur de tout. — Nous avons fait oublier Homère. — Vive Pythagore ! — Vive le grand Hermès ! — Et vive la paix, s'écria à ſon tour Miſogug, las de les entendre, & vivent ſur-tout les deux belles dames qui ſont ici ! Buvons à leur ſanté, & laiſſons-là Hermès, Pythagore & Homère. Les ſavans burent ; & recommencèrent leurs querelles malgré ce ſage conſeil, & mirent de nouveau en jeu les anciens & les modernes ; mais le partiſan des anciens avoit grand ſoin de faire entendre que ſi, de nos jours, on avoit perdu la raiſon, il devoit être excepté de la foule ; & l'admirateur des ſeconds cherchoit à perſuader que, s'il

(1) Homère, comme on ſait, avoit voyagé à Babylone, & il y étoit connu du tems de Miſogug.

y avoit encore du génie parmi les modernes, il n'exiſtoit que dans ſa perſonne. L'un ne faiſoit pencher la balance pour les anciens, que parce qu'il s'y donnoit bravement une place; l'autre n'élevoit ſes contemporains juſqu'aux cieux, que parce qu'il croyoit les paſſer de toute la tête, & tous, en feignant de ſoutenir la cauſe d'autrui, ne défendoient que leur propre cauſe.

Un mot très-ingénieux échappa à la belle Naïrzebah au milieu de toutes ces diſputes, & il n'y eut que Miſogug qui y prit garde. Croyez-vous, Meſſieurs, leur dit-elle, que les hommes d'autrefois avoient la taille plus élevée que ceux d'aujourd'hui, & que la nature crée des Géans dans un tems & des Pygmées dans l'autre? La réponſe à cette queſtion auroit mis tout le monde d'accord; mais on ſe garda bien d'y en faire aucune. La voix douce & tendre de Naïrzebah fut à peine entendue, ou plutôt elle fut étouffée à l'inſtant ſous les clameurs de la docte cohorte. Il n'y eut pas un de ces Meſſieurs qui ne perſiſtât dans ſon ſentiment, & qui ne terminât ſon apologie par une épigramme qu'il lâchoit à demi-voix contre ſon antagoniſte, & par un compliment fade qu'il adreſſoit fort haut à la belle Sophiſca. C'étoient toujours ſes beaux yeux qu'ils comparoient aux flambeaux du firmament; ſes joues, à des pommes d'api; ſes lèvres, à des roſes; ſes jambes, à deux colonnes de porphyre; ſa taille, à un cèdre du Mont-Liban, & ſon nez, à la poupe d'un vaiſſeau. Malgré l'exagération de ces figures giganteſques, la belle Sophiſca trouvoit leurs madrigaux auſſi juſtes que neufs, & ſe rengorgeoit en ſavourant le miel de ces ridicules louanges.

Les auteurs, ayant épuiſé leurs poumons à force de crier, le combat alloit finir faute de combattans, lorſqu'un petit homme, qui avoit ménagé ſa poitrine pour lire un de ſes ouvrages, pria adroitement Miſogug de réciter ſon joli & fameux madrigal, s'imaginant bien que ſon tour viendroit de faire part de ſes productions à l'aſſemblée. Miſogug, qui n'avoit point le ſot orgueil de ces génies, mais qui déjà ſentoit un vif deſir de plaire à Naïrzebah, n'attendit pas qu'on le lui demandât une ſeconde fois; il récita ſon madrigal avec autant de grace que de modeſtie, & l'adreſſant à Naïrzebah que, dans ce moment, il feignit de prendre pour Immaroé, il la vit lui ſourire avec une ſorte de reconnoiſſance, tandis que les beaux eſprits qui l'écoutoient firent une grimace qui annonçoit que le madrigal étoit bon, & laiſsèrent diſtinguer une amère joie ſur leurs traits contorſionnés par l'envie. Naïrzebah ne s'en tint point à approuver le madrigal; elle pria Miſogug de lui en donner une copie, & Miſogug enchanté la lui promit, & lui demanda la permission de lui en porter une le lendemain chez elle. Il étoit trop content de ce succès, pour ne pas faire à son tour une chose qui fût agréable au petit homme. Il savoit que ce petit homme avoit toujours dans sa poche un énorme rouleau, soit de prose, soit de poésie : il le pria aussi-tôt de communiquer à l'assemblée ses richesses littéraires, & celui-ci parcourant de ses gros yeux tous les visages pour voir si en effet on desiroit sa lecture, tous les visages lui parurent indifférens, excepté celui de la belle Sophisca, dont tout le plaisir étoit de lire ou d'entendre lire. Le petit homme alors déroule l'épouvantable cahier ; c'étoit un long poëme descriptif sur les beautés du printems. Un sujet aussi gracieux & aussi fécond enflamme ordinairement les imaginations les plus tranquilles ; il n'avoit eu aucun pouvoir sur l'ame crasse & lourde du rimailleur ; son ouvrage n'étoit qu'une froide analyse des opérations de la nature dans le plus beau des mois, & une espèce de nomenclature de ses miracles. Au lieu de peindre rapidement & à grands traits, l'auteur s'étoit appésanti à rendre des minuties ; il s'étoit épuisé sur les détails, & avoit manqué les masses, & voyez quel étoit son aveuglement ! Il décoroit du nom imposant de Poëme, cet ennuyeux & bisarre tissu de rimes péniblement enfilées les unes aux autres, qui frappoient l'oreille monotonément, & ne disoient rien au cœur. Avoit-il des fleurs à décrire ? les roses sortoient de ses mains toutes décolorées. Tout est plein de vie, tout se meut, tout respire au tems qu'il avoit à représenter, & tout languissoit & tout expiroit & tout étoit mort sous ses pinceaux.

Pour suppléer cependant à la sécheresse & à l'aridité de ses tableaux, il avoit une manière de lire si particulière, qu'elle fixoit l'attention que ne pouvoit captiver son ouvrage. Décrivoit-il un ruisseau serpentant au milieu des fleurs nouvelles? il allongeoit le doigt dans les airs, & y marquoit par divers mouvemens les différentes sinuosités de son onde; il renfloit sa voix, lorsqu'il avoit à exprimer le bruit du tonnerre, & la prolongeoit en la grossissant; il l'adoucissoit pour rendre le cri d'un oiseau, & passant tour-à-tour des sons aigus aux fortes intonations, on croyoit entendre des chats miauler sur les gouttières, & voir un saltimbanque sur un tréteau chercher à amuser les passans par les plus burlesques grimaces.

Quand sa pantomime fut achevée, la belle Sophisca battit des mains, & toute l'assemblée suivit son exemple. Le petit homme alors voyant qu'on étoit en train de l'applaudir, voulut faire croire qu'il avoit de la modestie;

il baissa humblement la tête, comme ayant l'air de dire : C'est assez ; je n'en mérite pas tant, & s'esquiva doucement, bien plus pour laisser un champ libre aux éloges que pour s'y dérober. A peine fut-il absent, que ses honnêtes confrères, qui venoient de l'élever jusqu'aux cieux, le traînant aussitôt dans la fange, le déchirèrent avec un acharnement sans égal ; l'un prétendit que son ouvrage étoit pillé, qu'il l'avoit déjà vu presqu'en entier dans un in-folio de la bibliothèque d'Alexandrie ; l'autre assura qu'il alloit faire un livre contre lui, pour prouver à l'univers que son poëme étoit détestable ; un troisième, qui étoit dévot ou qui du moins feignoit de l'être, observa que l'auteur substituoit par tout le mot de *nature* à celui de *Dieu*. Il en conclut que c'étoit un athée, & courut charitablement le dénoncer au chef des Mages ; tous enfin le critiquèrent impitoyablement, & l'assublèrent d'épigrammes, non par respect pour les principes de la raison & du goût, mais parce qu'il avoit plu à la belle Sophisca, & que la jalousie des lettrés est bien plus excitée par le succès de l'ouvrage que par l'ouvrage même. O Ciel! se disoit Misogug tout bas; que ces Messieurs se donnent de peine pour nuire à un livre qui tombera dès qu'il sera publié, & que tout juge impartial trouvera détestable. Que seroit-ce donc, s'il étoit bon, & qu'il dût réussir ailleurs que dans des cotteries? Fatigué de tout ce qu'il venoit de voir & d'entendre, il sortit en fureur de ce taudis littéraire, non toutefois sans prendre congé de Sophisca, qui lui fit promettre de revenir chez elle, & sans répéter à Naïrzebah qu'il iroit le lendemain lui porter son madrigal, & la remercier de son indulgence; celle-ci qui ne s'étoit guères plus amusée que Misogug, ne tarda pas à retourner à Babylone, &

le bon Indab, ſuivant Miſogug, lui dit lorſqu'ils furent hors du ſallon de Sophiſca : Eh bien ! mon cher ami ! n'ai-je pas raiſon d'adorer la belle Sophiſca ? Où trouver plus d'eſprit, de talent & de ſcience ? Sa maiſon ſurtout ne vous ſemble-t-elle pas le temple des Arts & le ſéjour des Plaiſirs ? Dites plutôt, lui répondit Miſogug en s'en allant, dites l'antre de l'envie & l'habitacle de l'ennui.

GRANDE QUESTION A-PEU-PRÈS DÉCIDÉE.

LE lendemain, Miſogug ne manqua pas de ſe rendre chez la belle Naïrzebah, & de lui porter les vers fortunés qui avoient plu à cette beauté, & lui avoient attiré un ſourire. Il y arriva ſur le ſoir, à l'heure préciſément où le plaiſir de la ſociété & de la converſation attire la bonne compagnie chez les femmes aimables & inſtruites, & forme autour d'elles ces cercles renommés que tout homme sage doit trouver charmans, lorsque l'envie & le pédantisme en sont exclus; jamais ces derniers n'avoient mis le pied chez la belle Naïrzebah. Misogug en y entrant y rencontra des personnes de tous les rangs & de tous les états, qui toutes paroissoient avoir un talent ou un mérite quelconque. Ce n'étoient point, comme chez Sophisca, des Poëtes orgueilleux ou des Prosateurs pleins de morgue & de suffisance; c'étoient des hommes de la Cour éclairés & des gens de lettres polis, des Généraux d'armées qui avoient lu autre chose que des ordonnances, & des auteurs qui n'avoient pas toujours fait le métier d'écrivain: il résultoit de ce mélange heureux une harmonie admirable entre les opinions & les idées. Là, personne ne se pressoit de parler, parce que chacun parloit à son tour, & tel qui n'avoit fait qu'écouter avoit recueilli plus de fruit de son silence que des plus savantes lectures.

Après que Misogug eut remis ses vers à la belle Naïrzebah, qui les reçut avec grace & modestie, il s'apperçut que l'assemblée agitoit une grande question. S'asseyant sans mot dire, il prêta l'oreille avec une attention extrême. De quoi s'agissoit-il donc? De savoir si les femmes doivent ou non cultiver les Belles-Lettres, & s'il leur est permis de pénétrer par la méditation dans le labyrinthe des Sciences & les profondeurs de la doctrine; les uns étoient pour l'affirmative, d'autres avoient un avis différent, & chacun défendoit son opinion par des raisons plus ou moins éloquentes. L'époux de la belle Sophisca étoit présent à ces contestations, victime d'une manie qui rendoit sa femme inaccessible à tous ses sentimens, il ne pouvoit manquer de prendre parti dans une querelle de cette importance; aussi parla-t-il de la sorte, après que chacun eut dit ce qu'il pensoit, & l'assemblée, connoissant sa position, l'écouta avec un intérêt qui se peignoit sur tous les visages.

La plupart sont épouses & mères ; & à ces titres elles ont tant de devoirs à remplir, que la nature leur défend avec raison de s'adonner aux Sciences & aux Lettres, & les loix devroient confirmer cette défense de la nature. Quelle étude en effet pourroit leur convenir ? Celle de l'histoire ? N'étant point appellées au gouvernement des états, que leur importent les crimes des Rois & les fautes des peuples ? Et de quoi leur serviroit de voir les monstres qu'on nomma conquérans, réduire les villes en cendres, massacrer des nations entières, charger des hommes libres des fers du despotisme, & de suivre ces furieux d'un bout de la terre à l'autre sur les longues traînées de sang qu'ils laissent derrière leur char de victoire ? Une mère ne voit autour d'elle que des cœurs qui lui ſont ſoumis ; ſon époux eſt ſon premier eſclave, & ſes enfans s'honorent de lui obéir : rien ne s'oppoſe à ſes volontés ; & qui voudroit-elle priver du jour, quand elle eſt prête à répandre ſon ſang pour ceux à qui elle a donné la vie ? Diſpenſée du ſoin d'approfondir les ruſes des négociateurs, & d'entretenir cet équilibre qui ſoutient les empires, la politique ne doit pas plus l'occuper que l'hiſtoire. Quoiqu'un ménage ſoit une eſpèce de petit état, elle n'eſt en guerre avec perſonne ; ſes domeſtiques ne conſpirent point contr'elle ; ayant autour d'elle tout ce qui lui eſt cher, elle n'a beſoin ni d'ambaſſadeur pour porter ſes ordres chez des nations étrangères, ni de généraux d'armées pour les repouſſer. La ſcience des calculs ou l'algèbre convient encore moins aux femmes que les deux autres. Cet art ſublime en effet, qui ne doit ſes découvertes qu'à l'opiniâtreté & à la lenteur des méditations, eſt-il compatible avec leur imagination vive & ardente qui ſe plaît à franchir les diſtances, & veut arriver aux extrêmes ſans paſſer par les intervalles? Vous qui prétendez que le ſexe doit en ſavoir autant que nous, ſeriez-vous bien aiſe, dites-moi, que votre femme fût occupée à réſoudre un problême, quand vous deſirez de lui faire partager un ſentiment? Seriez-vous bien aiſe qu'elle s'appliquât à étudier les révolutions des aſtres, & négligeât de lire dans votre cœur? Voudriez-vous enfin qu'elle s'égarât ſeule dans les cieux, quand vous avez beſoin d'être deux ſur la terre? La Phyſique, l'Hiſtoire Naturelle, la Chymie ont des charmes pour pluſieurs Babyloniennes qui s'y livrent avec excès; mais la femme qui ne ſait pas ſeulement comment ſe pêtrit l'aliment journalier qu'elle donne à ſes enfans, ne pourroit-elle pas dire à ces dames si versées dans les mystères de la nature : Physiciennes insensées, lorsque, le microscope à la main, vous comptez les anneaux de cet insecte ; lorsque vous suivez les développemens qui le font insensiblement devenir crisalide ; lorsque surprenant tous les secrets de son travail, vous voyez ses fils monter, descendre & remonter sans cesse, se rencontrer, se croiser & s'entrelacer, sans se nouer jamais ; lorsque vous l'appercevez enfin prendre une forme ovale & s'enterrer dans une petite coque dorée, & qu'ensuite vous attendez l'architecte ingénieux au sortir de sa prison qu'il force peu-à-peu, pour s'élever dans les airs sur des aîles courtes & débiles, qu'arrive-t-il de là ? . . . . Votre ame s'est usée par l'admiration, votre œil s'est fatigué à contempler des merveilles ; vous courez dans votre cabinet, impatiente de les peindre ; votre génie accablé se refuſe à vos efforts, ou, s'il lui reſte encore aſſez d'énergie, vous paſſez vos plus beaux momens à compoſer un gros livre où tous ces prodiges ſoient décrits, & je porte déjà avec orgueil le tiſſu brillant que vient de me filer le vermiſſeau qui vous intéreſſe, & mes mains, plus heureuſes que les vôtres, en treſſent déjà des rubans dont je pare les cheveux de mes filles pudiques, & dont j'unis enſemble le père & les enfans; vous étudiez la nature & j'en jouis. Laquelle de nous a choiſi le meilleur & le plus agréable partage? Une fleur vient-elle par haſard frapper votre vue? vous y remarquez auſſi-tôt un piſtile, des étamines, des ſommets, des capſules & toutes les parties qui la compoſent; & j'y vois une image de la beauté, & plus encore un préſent que la nature m'a fait pour réjouir mes yeux. Une eſpèce de pouſſière prolifique inonde ſon calice, & c'eſt là principalement ce qui arrête & fixe vos regards ; & son odeur est sur-tout ce qui me charme, & je savoure ses parfums avec délices. Vous la laissez tristement mourir sur sa tige, & je la cueille pour la fête de mon époux. Laquelle de nous a le plus de sagesse, & remplit le mieux les intentions du créateur ?

L'étude des langues mortes, ajouta l'époux de Sophisca, & celle des antiquités, nous remettent, en quelque sorte, le vieux univers sous les yeux, & nous font converser avec nos pères & les grands hommes qui, depuis long-tems, ne sont plus. Par elle, nous parvenons à connoître leurs mœurs & leurs usages, à les comparer avec les nôtres, & à perfectionner ceux-ci, lorsqu'ils sont peu conformes à la raison & à la nature. L'étude des langues modernes est sur-tout fort utile aux personnes qui voyagent ; j'en conviens : mais une épouse & une mère ont-elles besoin de courir le monde pour chercher le bonheur ? Le bonheur est dans leur retraite paisible & solitaire, & leur maison, voilà leur univers. Comment feroient-elles d'ailleurs pour entreprendre de longs voyages ? Faudroit-il qu'elles portassent en marchant leurs enfans suspendus à leurs mamelles ; que ces infortunés allaités sur les mers où les grands chemins, fussent exposés à l'intempérie des saisons, aux caprices du plus perfide élément, & à toutes les souffrances d'une incertaine navigation ? Que l'homme affronte tous ces dangers, j'y consens ; il en a la force & le courage : mais qu'il n'oublie jamais que la femme est née pour le repos, que sa constitution physique l'annonce, & que la délicatesse de ses organes ne lui permet de se livrer ni aux travaux du corps ni à ceux de l'esprit ; qu'ainsi des recherches laborieuses dans les archives du tems pourroient lui devenir funeſtes ; que ſes beaux yeux ne ſont pas faits pour déchiffrer les hyérogliphes égyptiens, pour ſuivre à travers le laps des ſiècles les divers changemens qu'on leur a fait ſubir, mais pour lire ſeulement les billets tendres du matin ; & qu'ainſi, il ſuffit aux belles de ſavoir la langue de leurs amans ou de leurs maris, & qu'elles n'ont plus rien à deſirer, lorſqu'elles peuvent s'en faire entendre. Pourquoi ma femme n'a-t-elle pas été convaincue de ces ſublimes vérités ! je ne ſerois pas obligé d'injurier le ſavoir, & de faire l'apologie de l'ignorance.

Il reſte la morale, dira-t-on. Cette ſcience eſt néceſſaire pour ſe bien conduire, & les femmes ayant beaucoup de devoirs à remplir, ne peuvent ſe diſpenſer d'en faire une étude ſérieuſe & ſuivie. Mais les principes de cette ſcience ne ſont-ils pas gravés dans leurs cœurs par les mains de la nature ? Et ces principes d'ailleurs sont si courts & si aisés à retenir, qu'il ne faut point de travail, point de veilles pour les connoître ; que dis-je ? une mère, une épouse les connoît sans les avoir appris. C'est par instinct qu'elle fait le bien & qu'elle fuit le mal : une voix intérieure & secrette lui enseigne à les distinguer l'un de l'autre ; & quel livre pourroit-elle lire ou composer sur ce sujet, qui lui en dît plus que sa conscience ?

L'époux de Sophisca se tut à ces mots, & chacun se regardant paroissoit convaincu de la vérité qu'il avoit cherché à prouver. La seule Naïrzebah laissa voir sur son visage qu'elle n'étoit point persuadée, & sembla desirer qu'il se présentât un champion qui combattît le sophiste, & lui disputât la victoire. Misogug à qui les divers mouvemens de son ame n'avoient pu échapper, parce qu'il n'avoit point cessé de tenir ses yeux attachés sur elle, se leva alors, & s'inclinant modestement, lui demanda la permission de dire son avis sur le discours qu'il venoit d'entendre. La belle Naïrzebah y consentit au plutôt; elle l'assura que chacun seroit charmé de le voir plaider pour un sexe qui méritoit de l'indulgence, & qui venoit de trouver un juge un peu sévere dans l'époux de Sophisca. C'est à la vôtre que je prétends, répondit Misogug en rougissant & d'une voix tremblante; c'est elle seule que je réclame. Puisse-t-elle être ma récompense! & si je suis vaincu, elle seule me consolera de ma défaite. L'indulgence est ordinairement demandée par ceux qui n'en ont pas besoin, répliqua Naïrzebah de l'air le plus gracieux; & Misogug encouragé par ce mot plein de douceur & de finesse, se remit à sa place, & commença ainsi en s'adressant particulièrement à l'époux de Sophisca:

Vous voulez, Seigneur, que les

femmes soient ignorantes, & vous leur interdisez le savoir, parce que la vôtre est trop instruite, & parce que vous voudriez qu'elle employât à sentir le tems qu'elle met à penser. Je suis peu surpris que vous défendiez une pareille cause; elle vous est, pour ainsi dire, personnelle, & c'est la vôtre même que vous défendez; mais parce qu'une femme a orné son esprit au point d'en devenir insupportable, faut-il en conclure que les autres doivent le laisser inculte, & sommes-nous parmi ces peuples de l'Orient qui soumettant tout à leur despotisme, n'attendent du sexe le plus charmant d'autre service que celui de perpétuer leur espèce?

Dépouillez-vous de tout intérêt particulier, Seigneur; oubliez pour un moment que vous avez une femme trop savante; n'aspirez qu'à connoître la vérité, & permettez que nous la cherchions ensemble. Chez les peuples ſauvages ſans doute, il eſt peu néceſſaire que les femmes cultivent les ſciences, & cherchent à enrichir leur entendement des tréſors de la Philoſophie & de la raiſon. L'homme chez eux ne connoiſſant de droit que celui du plus fort, opprime ſans honte un ſexe foible, & le condamne au plus pénible travail. Ainſi ce dernier n'auroit ni le tems ni la faculté de réfléchir, en eût-il la volonté : pourquoi d'ailleurs exerceroit-il ſa penſée, & lui donneroit-il par des études ſuivies le reſſort qui la fait monter juſqu'aux cieux, & l'introduit dans les ſecrets de la Divinité même ? Ce n'eſt guères pour ſoi que l'on raſſemble des connoiſſances & des idées ; mais pour les répandre, & en faire part à ſes concitoyens. La ſcience eſt un fruit qui n'a de ſaveur que lorſqu'on le mange avec un convive aimable & intéreſſant, & les femmes non civiliſées n'ont pas même le plaiſir d'entendre leurs enfans les remercier de leur avoir donné le jour; si-tôt qu'ils peuvent se passer du secours de la mamelle, & que leurs pieds sont assez légers pour les conduire sur la trace d'une biche, d'un lièvre ou d'un chevreuil, & leurs mains assez fortes pour bander un arc & lancer des javelots, ils quittent leur mère qui ne songe point à les retenir, & les pères errans dans les bois ne communiquent guères avec leurs épouses que pour satisfaire à leurs grossiers besoins : il n'y a entr'eux & elles ni pacte, ni société, ni lien. C'est donc pour elles seules qu'elles étudieroient, & autant vaut-il qu'elles restent dans l'ignorance.

Les femmes, dans une république, n'ont guères plus besoin de s'occuper à des travaux purement spirituels. Les troubles politiques, les factions qui ordinairement agitent leur patrie, ne leur permettent guères que la science des armes : un casque iroit mieux sur leurs

leurs têtes que des couronnes académiques ; & pourvu que leur fils sache bien manier une épée, dès que son bras peut la soutenir, qu'importe qu'on leur apprenne à se servir d'une plume ou conduire des pinceaux ?

Il n'en est pas ainsi d'une monarchie tempérée par les mœurs ; il n'en est pas ainsi d'un gouvernement tel que celui de Babylone, où les arts, l'industrie & le commerce enrichissent le Souverain, qui, à son tour, enrichit ses sujets par le repos que ses loix leur assurent, & la tranquillité dont il les fait jouir. Dans un royaume comme celui des Assyriens, & dans une ville sur-tout semblable à celle que nous habitons, ville où la sociabilité rend nécessaire le mélange continnel des deux sexes, il faut, pour entretenir cette communication de sensations & d'idées qui procurent à l'un & à l'autre des plaisirs toujours nouveaux, & les jouissances les plus piquantes &

les plus vives; il faut, dis-je, que les charmes de l'eſprit ſe joignent à ceux de la beauté, & que les connoiſſances variées, les graces & les fineſſes des idées & des expreſſions ajoutent au bonheur que trouve l'homme à voir chaque jour ſa compagne. Bien différens de ces peuples bruts & groſſiers qui habitent les antres du Caucaſe, les époux babyloniens n'exigent point de leurs femmes une ſoumiſſion baſſe ou une obéiſſance aveugle : ce ne ſont pas des hommes violens & emportés qu'il faille contenir en leur accordant ſur-le-champ tout ce qu'ils demandent; ce ſont des hommes ſouples & adroits que le luxe a rendus dociles, que le luxe corrompt de plus en plus, & qu'il eſt important de diriger dans les voies de la vertu & les chemins étroits de la ſageſſe. Or, qui les ramenera à l'amour du bien & à la pratique de leurs devoirs, ſi ce n'eſt leurs compagnes habituelles; & quels moyens emploieront-elles pour cela, ſi ce n'eſt les graces d'une élocution douce & étudiée, les foudres même d'une éloquence impérieuſe, & tous les preſtiges des arts? Les arts ont fait leurs plaiſirs dès le berceau; c'eſt par eux ſeuls qu'elles ſe feront entendre; c'eſt par eux ſeuls qu'elles pourront combattre les vices, enfans de ces mêmes arts, & qu'imitant certains Médecins habiles & audacieux, elles ſe ſerviront d'un poiſon pour détruire l'effet d'un autre poiſon, & le transformeront en antidote.

La ſcience ne ſera pas utile aux femmes ſeulement pour guérir leurs époux de leurs erreurs. N'ont-elles pas des enfans à qui il faut apprendre ce qui eſt bien & ce qui eſt mal, dès que leur raiſon commence d'éclore? La femme ſauvage ſe contente de former un homme ſain & robuſte: on attend plus de celle qui vit en ſociété; il faut qu'elle produiſe un citoyen; il faut que peu-à-peu elle inculque dans la tête de ſon jeune fils les principes par leſquels il rendra ſes concitoyens heureux en faiſant ſon propre bonheur ; il faut qu'elle l'initie dans tous les ſecrets de la dignité de l'homme & de la grandeur de ſon être ; qu'en lui donnant de lui-même l'opinion qu'il doit en avoir, elle l'empêche de ſe dégrader jamais par des indiſcrétions ou des baſſeſſes ; & comment en viendra-t-elle à bout, ſi elle-même n'eſt point initiée dans tous les myſtères de la morale & même de la religion, & ſi elle n'a point acquis par un exercice journalier des facultés de ſon ame le don de la parole & le charme plus puiſſant de la perſuaſion ? Les vérités de la morale, dites-vous, ſont aiſées à connoître, parce que la nature les a gravées dans tous les cœurs ; il ne faut point de travail pour cela, point de veilles, point de fatigue ; ſoit. Une voix intérieure nous dit ſans ceſſe de ne point faire aux autres ce que nous ne voudrions pas qu'on nous fît. Ce principe est ſans doute ſuffiſant pour ſe bien conduire dans le monde ; mais eſt-il applicable à toutes les ſituations, à toutes les circonſtances de la vie ? Et n'eſt-il pas des momens où l'homme eſt obligé de s'immoler pour des intérêts d'état, & d'immoler même ſon ſemblable ? La morale eſt ſimple & une chez l'homme qui vit ſeul & iſolé ; mais elle eſt compliquée dans les gouvernemens compliqués. Voilà ce qu'il faut enſeigner au jeune homme ; & quelle autre qu'une mère peut le faire avec ſuccès, & quelle mère y réuſſira, ſi elle n'eſt point verſée dans l'hiſtoire, la politique & les autres ſciences qui donnent la clef du cœur de l'homme, & font pénétrer par degrés dans cet abîme ?

Les femmes, avez-vous ajouté, ſont nées pour le repos, & leur conſtitution phyſique l'annonce ; j'en conviens avec vous, & c'eſt préciſément pour cela qu'elles ſemblent nées pour l'étude & le travail de l'eſprit. L'époux eſt deſtiné par la nature à remuer la terre avec ſes bras muſculeux, à porter des fardeaux, à ſupporter la chaleur & la froidure dans les marches journalières qu'exigent ſes beſoins de première néceſſité & ceux de ſa famille. Le mouvement lui eſt commandé par le Créateur, &, admirez la bonté de cet Être ſuprême! le mouvement continuel, loin de lui être funeſte, ajoute à ſa force phyſique, & lui eſt auſſi néceſſaire que l'air qu'il reſpire. Un long état de ſtagnation le plongeroit dans la langueur, d'où s'enſuivroit la mort, & voilà pourquoi peut-être un ſage Babylonien a prétendu que l'homme qui penſe eſt un animal dépravé. Quelle ſera donc l'occupation de la femme, quand ſon mari ſera aux champs, ou vaquera à des devoirs qu'on ne peut remplir ſans ſe déplacer ? La nature lui a laiſſé la penſée pour la préſerver de l'ennui ; & lui reſte-t-il autre choſe à faire que de l'exercer ? Remarquez d'ailleurs que la méditation demande du repos ; que, pour être en activité, l'ame a beſoin que le corps ſoit tranquille ; & que ſemblable au criſtal d'un paiſible ruiſſeau, elle ne réfléchit plus que confuſément l'image des objets, dès que de grandes ſecouſſes l'agitent. Ce n'eſt pas en courant que l'on écrit ; ce n'eſt pas en courant que l'on dévore ces volumes immenſes où ſont dépoſés les fruits du ſavoir & les fleurs immortelles du génie : c'eſt aſſis devant un bureau & le corps plongé dans un large fauteuil, que l'on compare les diverſes opinions, que l'on décompoſe, que l'on analyſe les diverſes opérations de la raiſon humaine ; & ce n'eſt qu'après une immobile aſſiduité à réfléchir, que ce fauteuil devenant pour le contemplateur le trépied de la Pithie, lui fait rendre des oracles. S'il eſt donc prouvé que l'homme eſt fait pour le mouvement & la femme pour le repos, & que c'eſt dans le repos ſeulement qu'on peut travailler, pour ainſi dire, ſon entendement & mettre en jeu ſa penſée, qui pourroit douter que la femme ne ſoit née pour étudier; & qui pourroit lui faire un crime d'orner ſon eſprit de tout ce que les anciens ont penſé ou écrit ſur la Morale, la Philoſophie & les Arts?

Concluons qu'il eſt peu de ſortes d'inſtructions qui ne conviennent aux femmes, qu'elles ſont propres à toutes par leurs organes, & qu'il en eſt peu qu'elles doivent rejetter par les tâches que leur impoſent continuellement les titres d'épouſes & de mères. Il eſt impoſſible de diſputer là-deſſus ſans ſe plaire à ſoutenir & appuyer des menſonges. Je voudrois cependant que cette inſtruction fût toujours relative à leurs devoirs; je voudrois qu'en étudiant, elles fussent toujours animées du desir de rendre leurs époux meilleurs, & de celui d'apprendre à leurs enfans comment ils peuvent devenir bons. J'avoue qu'il est assez inutile pour parvenir à ce double but, de pénétrer dans le dédale des Mathématiques & de l'Algèbre; j'avoue, ainsi que vous, qu'il vaut bien mieux pour de jolies femmes, qu elles sachent lire les billets tendres qu'on leur écrit, que de déchiffrer les hyérogliphes égyptiens; & ce n'est qu'à celles qui n'ont point de famille, & qui ne tiennent à la société par aucuns liens, que je permettrois ces études abstraites & arides: mais pourquoi refuserois-je aux autres la permission de faire de jolis vers, des romans agréables & d'autres bagatelles de ce genre, puisqu'elles en ont le pouvoir, & qu'en général elles y mettent plus de grace & de sensibilité que nous? La sensibilité me paroît être la raison des femmes; & si nous voulons qu'elles nous donnent de sages conseils, & qu'elles nous guident par la main dans la route du bonheur, laissons-les être sensibles à leur manière, & ne nous opposons jamais à l'usage qu'elles font d'une faculté qui peut nous embellir à leurs yeux & les embellir aux nôtres. Voulez-vous enfin que les femmes rendent immortel le charme de cette communication continuelle que les hommes ont établie entr'eux, & qui les rend heureux l'un par l'autre ? Laissez-les ajouter à ce charme passager le plaisir plus durable, & sur-tout plus vrai, que procurent les aimables illusions des Muses ; laissez-les tantôt couvrir votre front des roses brillantes de la Poésie, bercer tantôt vos douleurs aux sons d'une musique harmonieuse, & vous offrir quelquefois sur une toile animée & vivante les traits chéris de l'enfant qu'elles viennent de mettre au jour ; au lieu de les décourager par des critiques injuſtes & dures, applaudiſſez-les du geſte & de la voix, & vous les verrez produire des chefs-d'œuvres en ſe jouant, & l'eſtime qu'elles vous inſpireront alors, raffermiſſant dans votre ame les autres ſentimens de la nature, le mariage deviendra pour vous le plus charmant de tous les liens, & vous n'envierez point la pure & éternelle félicité dont jouiſſent les puiſſances céleſtes aſſiſes ſur les étoiles auprès du trône d'Orofmade.

Je ſais bien, ajouta Miſogug en s'adreſſant toujours au mari de Sophiſca; je ſais bien que vous ne connoîtrez jamais le bonheur avec votre épouſe : il faut qu'une femme de ſon état, & dans la ſituation où elle ſe trouve, faſſe de l'étude un amuſement, & non une affaire principale; mais parce que votre femme vous rend malheureux par l'excès de ſon ſavoir, pourquoi voulez-vous qu'à l'aide d'un ſavoir modéré, d'autres refuſent d'embellir leurs jours & ceux des êtres qui les environnent? Corrigez, ſi vous le pouvez, la belle Sophiſca de ſes travers, & n'empêchez point un ſexe aimable de devenir plus aimable encore, & de nous attacher à lui par de nouveaux liens. Les talens agréables ſont pour lui les talens utiles, & par un miracle fort ſingulier, mais que nous voyons arriver ſouvent, le fruit ſe trouve toujours ſous la fleur que leur main délicate vient de cueillir. Que vous dirai-je enfin, Seigneur? il me ſemble que les Sciences ſont à l'égard des femmes, ce que les délaſſemens ſont à l'égard des Magiſtrats: ceux-ci ne peuvent pas toujours vaquer aux ſublimes fonctions de leurs charges; il faut que d'honnêtes récréations les dédommagent de leurs travaux. Un juge qui danſeroit toujours ſeroit regardé comme un fort mauvais juge: une femme qui lit ou qui pense toujours, est de même une femme fort peu aimable. Le Ciel vous en a donné une de ce caractère ; il faut la supporter sans vous plaindre, & ne pas calomnier celles qui ne lui ressemblent pas.

Ce discours de Misogug fit une vive impression sur toute l'assemblée. La belle Naïrzebah qui aimoit les lettres & qui les cultivoit, non pas au point de se rendre ridicule par elles, mais seulement assez pour en cueillir la fleur, laissa voir à l'Orateur, par un sourire agréable, qu'il venoit de parler comme elle auroit parlé elle-même ; & l'époux de Sophisca s'avouant vaincu, répondit qu'il ne feroit pas un crime à sa femme de faire des vers & de résoudre des problêmes, si ces occupations ne la détournoient point de ses devoirs envers lui & sa fille, & qu'il croyoit au reste que les femmes pouvoient exceller dans les beaux arts ; mais qu'il ne falloit point, lorsqu'elles étoient chymiſtes, qu'elles condamnaſſent leurs époux à ſouffler les fourneaux. Le reſte des ſpectateurs fut à-peu-près de cet avis, & la queſtion étoit encore ſur le tapis, lorſqu'on vint annoncer que Naïrzebah étoit ſervie.

NAÏRZEBAH.

MISOGUG avoit ſouvent aſſiſté à des ſoupers babyloniens; mais jamais aucun ne lui avoit plu autant que celui de Naïrzebah: il n'y eut point là d'important ou de bel eſprit qui, s'emparant de la converſation, racontât ſeul longuement des hiſtoires que tout le monde ſavoit, ou diſſertât, à perte de vue, ſur des objets qui n'intéreſſoient perſonne; chacun, pour parler, y attendoit ſon tour, & ſi l'un des convives y faiſoit un récit, il étoit vif & court, afin de laiſſer à ſon voiſin le tems d'en faire un auſſi. Aucun d'eux ne ſe diſputa avec ſon voiſin;

aucun ne dit des injures à l'autre ; tous avoient l'indulgence peinte ſur le front, & le plaiſir dans les yeux ; tous regardant Naïrzebah comme la divinité qui ſeule méritât leurs hommages, lui adreſſoient leurs diſcours, leurs petits contes & leurs bons mots : elle étoit le foyer d'où partoient, pour ainſi dire, les rayons qui alloient tous les animer & les éclairer, & le point central de leur génie. Miſogug, au milieu de ces adorations & à travers l'encens qui fumoit toujours pour elle, promenoit de tems en tems des regards languiſſans & paſſionnés ſur toute ſa perſonne, & plus d'une fois il s'apperçut que ceux de Naïrzebah s'arrêtoient ſur lui à leur tour, mais ſans affectation ni coquetterie. Naïrzebah étoit tendre & vraie ; jamais elle n'avoit trompé, & Miſogug qui commençoit à avoir quelqu'expérience des femmes, ne douta point qu'il n'eût fait une aſſez vive impreſſion ſur ſon cœur : elle lui avoit déjà dit une chose très-flatteuse. Misogug en étoit reconnoissant, & lorsqu'il s'interrogeoit plus particulièrement, il découvroit peu-à-peu qu'il avoit bien plus que de la reconnoissance, & que l'amour le plus violent commençoit à s'emparer de lui. Et comment auroit-il pu résister à la belle Naïrzebah? Elle étoit à la fleur de l'âge, avoit tous les attraits du printems, & pour comble de gloire, on ne nommoit pas une vertu qu'elle ne possédât. Ses yeux étoient grands & aussi beaux qu'il soit possible d'imaginer : on ne les regardoit point sans s'enivrer du plus doux poison. Tranquilles cependant ils ignoroient leur puissance, & n'avoient jamais l'intention d'en abuser ou même de s'en servir. Sa bouche étoit petite; & quel dommage qu'il ne fît presque jamais froid à Babylone! on y auroit vu rassemblées pendant l'hiver toutes les roses exilées des campagnes : elle avoit tant de fraîcheur qu'il n'étoit pas possible qu'elles s'y flétrissent jamais. On sait que la régularité des traits excite plus d'admiration que de plaisir, & qu'il est rare que les physionomies qui n'ont point de défauts, ne laissent point dans un cœur le calme & la sérénité qui ordinairement est leur partage. Le visage de Naïrzebah un peu long, comme ceux des Grecques célèbres, n'offroit pas un trait qui ne fût de la plus grande perfection ; & le croiroit-on néanmoins ? il avoit un jeu si animé, qu'il étoit aussi piquant dans ses détails que dans son ensemble, c'est dire que Naïrzebah étoit à la fois belle & jolie : il falloit ces deux épithètes pour la bien peindre, & peut-être n'en disons-nous point encore assez. La gorge de Naïrzebah étoit un albâtre vivant, si bien arrondi & doué d'un autre qualité si précieuse & si rare, qu'il avoit l'air de commencer de vivre ; son embonpoint étoit arrivé au point de n'en pas faire appréhender davantage : proportionné à toutes les parties de son corps, on ne craignoit pas qu'il détruisît jamais l'harmonie qui régnoit entr'elles ; il ne pouvoit plus augmenter selon les règles de la nature, & en diminuant il ne pouvoit rien lui ôter : sa taille n'étoit ni grande ni petite. On eût dit que la belle Naïrzebah s'étoit défendu de croître davantage, afin que l'œil fût plus étonné de voir dans un individu si mignon tant de majesté & de graces. Également éloignée dans ses mouvemens de la pétulance & de la contrainte, elle n'en faisoit pas un qui ne fût plein de noblesse & de décence, & qui n'eût cet abandon charmant que l'art ne sauroit donner, & qui est un des secrets les plus profonds de la nature : une Nymphe pour la taille, une Déesse pour la beauté, voilà quelle étoit celle dont je viens d'esquisser une si foible peinture.

Si le talent m'a manqué en parlant de ses charmes, que ne dois-je pas craindre pour ce qui me reste à exprimer ? Son cœur au-dessus des éloges n'avoit pas un sentiment qui ne fût dicté par l'amour du bien, pas un desir qui ne fût conforme à l'ordre ; tendre, généreux, délicat, il voloit au-devant des malheureux, & jamais on n'avoit manqué de l'intéresser, lorsqu'on étoit dans l'infortune : ses vertus se montroient si vîte qu'il étoit facile de les indiquer ; mais il faudroit avoir son esprit pour en donner une idée, & malheureusement elle étoit la seule qui le possédât : profond, étendu & varié, & sur-tout flexible, quand il méditoit sur un objet, il ne se perdoit point, à force de le creuser, dans un abîme de ténèbres. Après l'avoir suivi long-tems, il revenoit aisément au point du départ, & descendoit avec autant de facilité qu'il étoit monté avec hardiesse ; vif & pénétrant comme l'éclair, il étoit encore & méthodique & juste, & quoique surchargé de tous les trésors d'une littérature féconde & brillante, il ne confondoit jamais rien, & ses opinions n'avoient pas moins de stabilité que ses jugemens. Que sa conversation venoit bien à l'appui de cet éloge ! Une élocution claire & simple y répandoit un charme toujours nouveau ; elle disoit les choses les plus fines du ton le plus naturel, ne cherchoit jamais ni ses phrases ni ses paroles, & celui ou celle qui l'écoutoient, se croyoient souvent plus d'esprit qu'elle ne leur en faisoit voir : elle écrivoit dans ses momens de loisir ; mais toujours mécontente de ce que sa plume avoit enfanté, jamais elle ne montroit ses ouvrages à personne ; & quoiqu'elle sût presqu'autant de langues que la belle Sophisca, elle ne parloit que sa langue : ses yeux seuls, quand elle vouloit, étoient en état de les parler toutes ; la modestie enfin mettoit le comble à ses vertus, & en cachant ses talens, elle leur donnoit un prix qu'obtiennent rarement ceux qui ont la manie de les produire. Ce qu'on admiroit sur-tout dans sa conversation, c'est qu'elle n'y disoit rien avec étude & rien par hasard; discrète sans dissimulation, & attentive sans curiosité, elle ne fatiguoit point par des questions oiseuses, ne compromettoit point par d'imprudentes réparties; & sachant à fonds ce qu'il falloit révéler & ce qu'il falloit taire, elle gardoit son secret, & n'arrachoit jamais celui des autres: elle avoit la mesure de tout, & ne la passoit que lorsqu'il pouvoit en résulter un bien. Il est beaucoup de femmes qui ont besoin de caprices pour plaire. Naïrzebah avoit toujours la même simplicité, la même douceur, le même caractère enfin, & on ne lui savoit gré que de n'en point changer. Elle étoit née du sang des Rois; ses yeux, ſon regard, ſon maintien, la nobleſſe de ſes procédés l'atteſtoient à chaque inſtant ; & ſans eux qui auroit jamais pu le ſavoir ? Elle avoit expreſſément défendu à ſes gens de l'appeller *alteſſe*, & jamais elle ne prenoit ce titre, quoique perſonne ne pût le lui refuſer ; elle ſe croyoit l'égale de tout le monde, & ne vouloit le ſurpaſſer que par la grandeur de ſon ame. Il eſt vrai auſſi que cette ame avoit plus de cent coudées au-deſſus des ames même les plus délicates, & ſa conſtante généroſité & ſa magnanimité ſoutenue en étoient la preuve. Libérale juſqu'à la profuſion, Naïrzebah répandoit les dons, les préſens & les largeſſes, ſans faire attention que, ſi un revers du ſort l'eût plongée dans l'infortune, accoutumée à toujours donner, elle n'auroit rien voulu recevoir, & que ſa fierté l'eût fait expirer de miſère. Les Babyloniens, chez qui chaque choſe étoit de mode à ſon tour, avoient alors la manie de diſputer beaucoup ſur la religion, & quelques-uns même la pouſſoient juſqu'à ne pas y croire, & cette manie avoit gagné des femmes de tous les rangs & de tous les états. Naïrzebah ſeule s'en étoit préſervée, plus par un effet de ſa ſenſibilité que de ſa raiſon ; elle aimoit Dieu tendrement, parce que rien dans l'univers ne lui paroiſſoit plus aimable ; & le croiroit-on? quoique mépriſant la ſupeſtition & ne tenant à aucune, elle aimoit auſſi le merveilleux, comme étant peut-être ce qui approchoit le plus de ſon génie.

Ce génie lui manquoit ſouvent, quand il étoit queſtion de faire réuſſir un projet qui pouvoit lui être utile; elle n'en avoit point pour ſes propres affaires : mais avec quelle dextérité, avec quelle adreſſe elle conduiſoit celles de ſes amis ! Jamais leur vaiſſeau n'échouoit quand elle lui ſervoit de pilote : elle plaidoit leur cauſe ſi éloquemment; elle faisoit valoir leurs droits d'une manière si énergique, que les Ministres & le Roi même accordoient toutes ses demandes, & que faisant des heureux par la bonté de son cœur, elle forçoit encore les autres d'en faire : son crédit, ses richesses, rien n'avoit l'air de lui appartenir ; tout ce qu'elle possédoit étoit le patrimoine des malheureux, & les opprimés n'avoient pas un plus sûr refuge. Ce n'est pas seulement sur les infortunés que s'étendoit cette bonté de cœur ; ayant dans l'esprit tout ce qu'il falloit pour briller par la raillerie & persiffler avec grace, jamais elle ne se servoit de l'arme dangereuse que la nature lui avoit donnée ; elle eût rougi d'une victoire trop aisée, & c'étoit par fierté, autant que par délicatesse, que souvent elle retenoit des traits qui, lancés à propos, l'eussent fait admirer & craindre. Je ne peindrois qu'à demi la belle Naïrzebah, si

je

je ne parlois point de l'impression que ses charmes produisoient sur les cœurs sensibles, & de celle que le sien étoit à son tour susceptible d'éprouver. La belle Naïrzebah avoit quelque chose de majestueux & de grand qui inspiroit le respect, quelque chose de doux & d'honnête qui faisoit naître l'amour : elle attiroit, contenoit tour-à-tour; mais ne repoussoit jamais. On s'approchoit d'elle avec le desir de lui ouvrir son cœur; on s'en éloignoit avec la crainte de lui déplaire, & ses charmes n'avoient pas plutôt excité un desir, que, par respect pour sa vertu, on se hâtoit de lui en faire le sacrifice : on la haïssoit presqu'autant qu'on l'adoroit; mais de cette haine passionnée qui n'est autre chose que l'amour poussé à son dernier degré, & qu'on ne peut sentir qu'entraîné & subjugué à la fois par l'assemblage de toutes les perfections humaines : si l'on éprouvoit auprès de Naïrzebah tous les mouvemens qui peuvent agiter une ame, il ne faut pas croire que la ſienne fût abſolument indifférente, & qu'elle reſtât tout-à-fait dans le calme. La belle Naïrzebah étoit née avec le plus vif penchant à la tendreſſe; mais inſtruite de ſes devoirs, elle veilloit ſur ſa moindre penſée, & lui défendoit ſans ceſſe de lui apporter l'image d'un amant; & quand, par haſard, cette image ſe gliſſoit, malgré elle, dans ſon cœur, ſa raiſon auſſi-tôt l'en arrachoit & s'en établiſſoit gardienne, comme pour éloigner tout profane de ce ſanctuaire; ce qui faiſoit de ſa vie un combat où, pour triompher, il falloit ſans contredit autant de patience que de courage. Naïrzebah ne manquoit ni de l'un ni de l'autre; tous deux échouèrent cependant contre Miſogug, & l'on ne ſera pas ſurpris de le voir bientôt réuſſir. Une femme vertueuſe qui aime & qui en convient doit s'honorer d'être vaincue ; ſa défaite eſt bien plus glorieuſe qu'une fauſſe réſiſtance ou qu'une longue inſenſibilité. On aimoit Naïrzebah ſelon qu'on étoit bon ou méchant, & en proportion des vices qu'on tenoit de la ſociété ou des heureuſes qualités qu'on devoit à la nature. Miſogug, ſi bien doué de cette dernière, ne pouvoit manquer de ſentir & d'inſpirer un véritable penchant. Nous l'avons laiſſé au moment où, aſſis à la table de Naïrzebah, il s'enivroit du plaiſir de la voir & de l'entendre. Dès que le ſouper fut fini, accablé du poids de ſes ſenſations & de ſes penſées, qui toutes ſe croiſant & s'entrechoquant les unes dans ſon eſprit & les autres dans ſon cœur, lui donnoient un air rêveur & diſtrait, il ſortit avant tout le monde pour leur ouvrir un champ libre, & jouir lui-même du plaiſir de converſer quelques inſtans avec ſoi.

UNE ÉPREUVE.

IL y avoit près du palais de Naïrzebah une promenade assez solitaire, quoique publique, & qui peu fréquentée le jour, devoit l'être encore moins la nuit. C'est là que Misogug se réfugia au sortir de l'asyle sacré des vertus & des graces, & que se promenant à grands pas dans des allées ténébreuses & tranquilles, il se disoit à lui-même : Fut-il jamais sur la terre un homme plus malheureux que moi ? Tourmenté sans cesse par le desir de trouver une femme qui rende ma vie heureuse, je la cherche par-tout depuis le jour qu'arrivé à Babylone..... Et pourquoi la chercherois-tu encore, lui cria une voix que d'abord il eût peine à reconnoître ? Ne t'avois-je pas prédit que tu en trouverois une ? Et à ces mots, il vit comme un nuage enflammé qui, s'approchant de lui par le milieu des airs, s'ouvrit tout-à-coup, & offrit à ſes regards l'Archi-mage privilégié, à qui ſi peu de choſes étoient inconnues dans la nature. Miſogug fut tranſporté de joie à ces paroles d'Itochipul. Vous m'aſſurez donc que j'en ai trouvé une, lui répondit-il enchanté, une qui n'aura point un jeune Mage pour ſuivante, une qui ne m'expoſera point à être dévoré par un animal amphibie, une qui ne louera point un balçon pour voir ſauter ma tête ſur un échaffaud, une qui ..... Vous ſeriez auſſi habile que moi, lui répliqua l'Archi-mage, ſi je vous apprenois tout ce qui doit vous arriver avec elle, & Oroſmade ne permet pas que je vous faſſe lire dans le livre des deſtinées. Sachez ſeulement que la belle Naïrzebah eſt la plus vertueuſe de toutes les femmes que vous avez connues, & qu'il n'en eſt point de plus parfaite parmi ſon ſexe. Sachez de plus qu'elle vous aime; & ſi vous en doutez un moment, mettez-là ſur-le-champ à une épreuve qui pourra vous en convaincre. Le desir d'exercer le souverain pouvoir ou du moins de le partager, est la passion dominante des femmes. Dès qu'elles vivent sous l'empire d'un Roi, il n'en est pas une qui n'aspire à devenir sa maîtresse, & vous avez dû le voir clairement pendant que vous avez régné à Synopolis. Voilà mon anneau dont vous connoissez la vertu & l'usage ; prenez par son moyen la figure du Roi Isoül, & sous ces traits heureux introduisez-vous chez votre maîtresse ; offrez-lui votre cœur, & le titre qui peut le plus flatter le sien, celui de favorite ; & si elle résiste, si elle préfère un amant obscur, tel que vous l'êtes maintenant, à un amant couronné, montrez-vous aussi-tôt à ses yeux sous votre forme véritable ; tombez à ses genoux pour la remercier, & épousez-là à l'instant même. Vous verrez que votre vieux Alloyo radotoit, quand il a voulu vous persuader qu'il n'y avoit pas une femme de bonne, & que j'ai eu raison de vous rassurer par une prédiction moins injuste.

Quoique Misogug fût pénétré d'une vraie admiration & d'un respect sincère pour les vertus de la belle Naïrzebah ; quoiqu'il la crût bien supérieure à toutes les femmes qu'il avoit aimées peut-être, & même à la belle Altéma, il avoit été trompé & s'étoit trompé lui-même si souvent, qu'il craignoit de se tromper encore. Le tems, l'expérience & les perfidies nombreuses de ses maîtresses l'avoient rendu défiant : il reçut donc l'anneau des mains d'Itochipul, le remercia du conseil, & lui jura qu'il alloit le mettre à exécution ; il l'invita même à sa noce, supposé que la belle Naïrzebah voulût accepter sa main, & ils se quittèrent en se promettant de se revoir.

La première chose que fit Misogug, dès qu'il se vit de nouveau maître de la bague merveilleuſe, fut de prendre par ſon moyen, non d'abord les traits du Roi, mais ceux d'un vieux courtiſan qu'il aimoit beaucoup, qui paſſoit dans le public pour être le confident de ſes plus ſecrettes penſées, & d'aller le lendemain chez la belle Naïrzebah : celle-ci, un peu ſurpriſe de cette viſite, demanda au faux courtiſan quel pouvoit en être l'objet. Miſogug l'aſſura que le Roi, ſon maître, avoit à lui parler, & qu'il viendroit la voir le ſoir même, pour lui communiquer un ſecret de la plus grande importance. Uu Roi de Babylone aller ainſi chez une dame de la Cour ! Le Roi Iſoüil ſe moquoit ſouvent de l'étiquette, & ce qui, ſous un autre règne, eût été invraiſemblable, ne l'étoit point ſous le ſien. La belle Naïrzebah répondit avec modeſtie, que flattée au dernier point de l'honneur que ſon Souverain vouloit bien lui faire, elle étoit ſoumiſe à ſes ordres, & les recevroit quand il trouveroit agréable de les lui donner. Une autre femme n'auroit pu cacher ſa joie ; elle parut apprendre la nouvelle de cette viſite ſans peine ni plaiſir. Ce commencement d'épreuve étoit d'un bon augure. Miſogug ſe retira de chez elle enchanté, & le ſoir même il vint ſous la figure du Roi tenir la promeſſe que ſon prétendu confident avoit faite. La belle Naïrzebah qui l'attendoit, ne témoigna à ſon aſpect que le ſentiment froid & auſtère de la vénération ; elle ſe proſterna, ſelon l'uſage, pour baiſer la pouſſière de ſes pieds, & l'on penſe bien que Miſogug étoit trop galant pour lui laiſſer prendre cette peine : ils étoient ſeuls dans un appartement bien fermé ; & voyant que perſonne ne pouvoit les entendre, Miſogug commença à parler de la ſorte : Belle Naïrzebah ! je n'ai pu vous voir ſans vous aimer : je ſuis Roi, je ſuis époux même, & la Reine Immaroé ne mérite pas que je lui sois infidèle ; mais le Dieu qui m'amène à vos pieds, est bien plus puissant que tous les Monarques de la terre : il veut que je vous adore, & comment lui résisterois-je ? Vous pouvez d'un seul mot décider de mon bonheur ou de mon malheur éternel. Si vous agréez mes vœux, recevez au même instant le titre, le crédit & tous les honneurs d'une favorite ; & si vous les refusez, disposez-vous à pleurer bientôt ma mort.

Ce discours étoit tendre & touchant, & n'avoit rien de l'orgueilleuse âpreté si ordinaire aux despotes. Aussi la belle Naïrzebah l'entendit-elle sans courroux ; & prenant un ton analogue à celui du faux Isoül, je ne vous cache point, Seigneur, lui répondit-elle avec douceur & sensibilité ; je ne vous cache point que ma fierté se seroit crue avec raison blessée de votre hommage, sans la noble franchise qui y règne. Je ne ſuis point accoutumée aux déclarations des Rois, quelque droits qu'ils prétendent avoir ſur les mortelles qu'ils nomment leurs ſujettes; & ſi la vôtre n'étoit pas d'un ſtyle fait pour déſarmer, j'aurois eu ſûrement le malheur de vous offenſer par la manière dont je l'aurois repouſſée; mais puiſque la vérité paroît ſeule avoir dicté votre diſcours, vous me donnez un trop bon exemple pour que je ne l'imite point ſur l'heure.

Le Dieu qui a vous conduit ici, dites-vous, eſt plus puiſſant que tous les Monarques de la terre; il vous force à m'aimer. Hélas! il exerce ſur moi le même empire; il me force à aimer auſſi, & ce n'eſt point vous qu'il préſente ſans ceſſe à ma penſée; je brûle en ſecret pour un mortel que je préfère à tous les Rois, & qui, ſubjugué à ſon tour, me préfère peut-être aux plus grandes Reines de la terre. Jugez donc ſi je puis accepter le rang que vous m'offrez, & si j'immolerai le bonheur de mes jours au vain plaisir de partager votre pouvoir, & de soumettre à mes volontés un peuple qui me reconnoîtroit pour favorite. Une autre raison, supposé même que l'amour m'eût blessé pour vous, m'empêcheroit à jamais d'accepter le titre si envié par tant d'autres. N'avez-vous pas une épouse en qui le Ciel a réuni tous les dons qui peuvent captiver un grand cœur ? Voudrois-je lui enlever celui auquel elle attache sans doute le plus doux prix ? Voudrois-je la condamner à la douleur & même à l'humiliation par une privation si cruelle ? Avez-vous pu, Seigneur, me croire capable d'une telle bassesse ? Ah ! retournez à la Reine Immaroé ! elle est charmante ; elle vaut cent fois mieux que Naïrzebah, & songez qu'une femme si vertueuse & si belle est préférable aux plus jolies maîtresses.

Qu'on se figure, si l'on peut, la joie extrême de Misogug à cette réponse de Naïrzebah : il ne lui restoit plus, pour mettre le comble à son bonheur, que de savoir quel étoit le mortel heureux pour qui elle brûloit en secret; il espéroit, il se flattoit que c'étoit lui-même, & n'osoit cependant se l'avouer ni en être sûr. Eh bien ! ajouta-t-il en tremblant, puisque je ne puis prétendre à votre amour, que j'aie au moins quelques droits à votre confiance : nommez-moi le mortel aimé; j'envierai sûrement son sort; mais plein de respect pour l'objet de votre choix, je m'efforcerai d'étouffer la flamme que vous avez fait naître, & deviendrai son ami en cessant d'être son rival.—Son ami, s'écrie Naïrzebah ! ah ! vous l'avez été, & vous l'êtes encore sans doute. Jugez si vous approuverez le feu qui me consume pour lui, & si votre délicatesse n'étouffera point en vous le desir de lui enlever ſa conquête. —Je n'ai jamais eu qu'un ami, répliqua Miſogug; il a été long-tems mon grand Échanſon, & tenoit bien plus à ma perſonne qu'à ſa charge; il a enſuite commandé mes armées, m'a fait triompher de mes ennemis, & n'a voulu d'autre récompenſe que le plaiſir de m'avoir obligé. Oh! ſi c'étoit celui-là qui eût eu le bonheur de vous plaire!... —C'eſt lui-même, répondit Naïrzebah en rougiſſant; quelle perſonne eſt plus digne que Votre Majeſté de ſavoir mon ſecret? quelle autre mérite mieux ma confiance? Vous connoiſſez les vertus de Miſogug, & vous leur rendez juſtice. Pourriez-vous me blâmer de vous imiter? Ah! ſi vous voyez avec quelque indulgence le penchant qui m'entraîne vers lui, daignez permettre, Seigneur, que je me livre à ce penchant reſpectable, & que le conſacrant bientôt par le plus heureux hymen.... Miſogug ne la laiſſa point achever : transporté de joie à cet aveu, il tire l'anneau de son doigt, & redevenant Misogug, il tomba aux genoux de Naïrzebah, qui s'évanouit aussi-tôt, saisie du plus charmant effroi par cette métamorphose imprévue. Misogug n'eut pas beaucoup de peine à la faire revenir ; l'Amour est le Dieu des miracles, & il en devoit plus d'un à Misogug & à Naïrzebah. Vous voyez si je vous aime, lui dit-elle en rouvrant ses beaux yeux ; mais par quel enchantement, par quel prodige ? . . . . Misogug lui expliqua tout, non sans lui demander pardon d'une pareille épreuve ; & quelle amante a jamais refusé de pardonner ? Naïrzebah étoit veuve, & sa main ne dépendoit que de sa volonté. Misogug l'adoroit, & n'avoit d'autre maître que lui-même ; ils se hâtèrent donc de se marier, & prièrent toutefois le bon Roi Isoüil de donner à cette union un consentement qui devoit la leur rendre plus chère. Isoüil fut enchanté de savoir Misogug heureux, & le lui témoigna par des présens magnifiques. Misogug les reçut avec reconnoissance, & jamais mariage n'a été célébré avec plus de contentement ou plutôt d'ivresse de part & d'autre. Une épouse, le jour de sa noce, étoit obligée de paroître cinq ou six fois devant son mari avec des robes & vêtemens différens, & de s'habiller & déshabiller au son d'une musique harmonieuse. Naïrzebah se soumit à cet usage (1) depuis long-tems en vigueur à Babylone, & jamais spectacle plus ravissant ne s'étoit offert à Misogug. Naïrzebah ne s'embellissoit point de ces divers ajustemens : il étoit impossible qu'elle devînt plus belle ; mais elle les embellissoit tous, & tous lui

---

(1) Cet usage existoit encore chez les Orientaux il y a deux ou trois siècles, & il y a grande apparence qu'ils le tenoient des Babyloniens.

alloient si bien qu'ils avoient l'air de n'avoir été faits que pour elle, quoiqu'ils lui fussent étrangers; l'un la présentoit sous les traits de Flore ; l'autre lui donnoit la taille d'Hébé ; avec celui-ci, on l'eût prise pour la majestueuse Isis ; avec celui-là, pour la sensible Diane, & Misogug enfin vit dans une seule personne défiler tout l'Olympe devant ses yeux.

Itochipul assista à leur mariage, & parut heureux de leur bonheur. Ce bonheur dura trois ans sans interruption ; & comment auroit-il pu être altéré de la moindre manière ? Misogug découvroit chaque jour des attraits nouveaux & de nouvelles vertus dans son épouse ; elle ne tarda pas à le rendre père, & l'amour & la nature l'enchaînèrent à elle de leurs doubles & indissolubles liens. Pourquoi faut-il, hélas ! qu'il ne soit point sur la terre de félicité durable, & que les ſeuls habitans des Cieux voient leurs plaiſirs n'avoir point de fin.

UNE INFIDÉLITÉ.

IL y avoit alors à Babylone un jeune Sculpteur, nommé Pharnazal, nouvellement arrivé de la Taprobane, & que le Roi Iſoüil, qui aimoit les arts, avoit fait venir pour embellir ſon palais de diverſes ſtatues des Dieux. Ce jeune homme joignoit à un grand talent la figure la plus intéreſſante, & les Mars & les Adonis qui étoient ſortis de ſes mains ne le ſurpaſſoient pas en beauté. L'épouſe de Miſogug alla un jour viſiter ſon attelier, & Pharnazal fut ſi frappé de ſes charmes, qu'il voulut abſolument faire ſon buſte, & lui demanda la permiſſion de le commencer. Naïrzebah fit part de ſon deſir à Miſogug, qui, enchanté qu'un homme d'un auſſi grand talent tranſmît les traits de ſon épouſe ſur le marbre, y consentit de la meilleure grace du monde. Le lendemain donc Pharnazal vint prendre séance chez Naïrzebah; il arrondit d'abord une molle argile, l'anima presqu'en un moment du feu & de l'éclat de la beauté; mais sensible & ardent, il ne pût contempler cette dernière sans éprouver bientôt tout son empire. A force de regarder Naïrzebah, à force de détailler toutes les finesses & tous les agrémens de sa physionomie, Pharnazal sentit son image descendre peu-à-peu dans son cœur, & s'y graver & s'y établir bien mieux qu'il ne pouvoit la rendre sur le marbre. Naïrzebah, de son côté, ne vit point sans émotion les yeux de Pharnazal s'arrêter sur les siens, tantôt avec langueur, tantôt avec passion, & toujours rayonnans des flammes créatrices du génie. Naïrzebah en fut d'abord éblouie, & bientôt embrâsée, plus que ne le permettoit son devoir;

elle ſe tut cependant ; elle combattit même ce penchant involontaire avec toutes les forces que lui prêtèrent, & ſa raiſon, & le pur & vif ſentiment que lui inſpiroit ſon époux. Elle alloit en triompher, lorſque, par malheur pour elle, Pharnazal vint lui offrir un matin le buſte qu'il venoit d'achever ; elle y étoit belle comme Vénus même, ou plutôt belle comme Naïrzebah. Rien ne flattoit plus les femmes de Babylone, que leur image exprimée ſur la toile ou ſur le marbre telle que la nature avoit créé l'original. C'étoit pour elles une jouiſſance ſi vive, qu'on en avoit vu ſe pâmer de joie & d'autres mourir de plaiſir à l'aſpect de leur portrait. Naïrzebah étoit femme malgré ſes hautes qualités ; elle fut ſi enchantée de ſa figure, qu'elle commença à remarquer avec plus d'attention celle du jeune Sculpteur, & que l'amour-propre la reconduiſant peu-à-peu à l'amour, elle écouta l'aveu de ſa paſſion avec indulgence, & bientôt, hélas! avec plaiſir. Il vit ces heureuſes diſpoſitions; & pour les mettre à profit, il demanda une récompenſe. Naïrzebah ne ſuccomba point, mais elle ne fut point tout-à-fait ingrate, & Miſogug entra au moment où l'auteur du portrait étoit aux genoux du modèle.

Il voulut d'abord les tuer l'un & l'autre; mais retenu par ſon humanité accoutumée, & par le mépris que ſa femme lui inſpira à l'inſtant, il ſe retira ſans mot dire, & alla trouver Itochipul, à qui il parla de la ſorte : Eh bien! Seigneur, m'avez-vous aſſez trompé, & ne vous laſſerez-vous point de me rendre le jouet de vos prédictions, ou plutôt de vos caprices? Vous m'annoncez que je trouverai une femme qui me rendra heureux, & dont je n'aurai jamais à me plaindre. Je vous crois; j'erre de beautés en beautés, & toutes me trahiſſent, & toutes m'expoſent à des dangers, ou me plongent dans des malheurs dont le ſouvenir ſeul me remplit encore d'épouvante. Ah ! cruel Archi-mage, eſt-ce là l'amitié que vous m'aviez promiſe ? Sont-ce là les bienfaits que j'aurois dû attendre de vous ? Itochipul, un peu ſurpris ou peut-être feignant de l'être, lui demanda pourquoi il ſe plaignoit avec tant d'amertume ? Allez, ajouta Miſogug ; allez voir cette Naïrzebah que vous m'avez aſſuré être un modèle de vertu, & que j'ai crue un ange ; allez la voir ſeule avec Pharnazal, oubliant tout ce qu'elle fut, & écoutant des déclarations avec un plaiſir extrême. —Quoi ! Naïrzebah..... — Oui, Naïrzebah ; cette femme qui m'a été fidelle pendant trois ans ; cette femme que le rang de favorite n'a pu tenter, & qui m'a préféré, moi ſimple citoyen, au plus grand Monarque du monde ; cette femme eſt à préſent à faire la conversation tête-à-tête avec un vil Sculpteur : je l'ai vu de mes yeux, vu, & je ne puis pas plus douter de mon malheur que de mon existence. Ah ! pourquoi vous ai-je cru ? pourquoi ai-je ajouté foi à vos insidieuses promesses ? Ce sont-elles, elles seules, Seigneur, qui m'ont fait courir d'abîmes en abîmes, & qui viennent d'ouvrir sous mes pas celui d'où je ne sortirai jamais. C'est vous, je le soupçonne, qui, après m'avoir fait essuyer tant de tromperies de la part des dames babyloniennes, êtes venu sous la figure d'Altéma me donner un rendez-vous à Synopolis chez le Grand-Prêtre le plus barbare & le plus perfide ; & non content de m'avoir ravi mon trône, si je perds aujourd'hui mon honneur, c'est à vous seul que je le dois.

Itochipul ne pouvoit point, sans les mériter, laisser plus long-tems ces reproches sans réponse. Oui, dit-il à

Misogug, c'est moi qui, sous la figure d'Altéma, vous ai livré au courroux implacable du Prêtre des Ibis; sans moi, vous n'auriez pas été exposé sur la mer dans un petit coffre flottant, & enfermé avec un serpent & un chat. C'est moi, c'est moi seul qui suis cause de ce supplice horrible auquel on vous a condamné, & de toutes les peines que vous avez souffertes: mais j'avois lu dans le livre des destinées que, pour vous éprouver & vous rendre meilleur, il falloit nécessairement que vous supportassiez toutes ces infortunes. J'y avois lu que, si vous fussiez resté plus long-tems sur le trône, on vous en auroit fait descendre par un assassinat, & j'ai cru devoir vous sauver la vie au risque de la rendre malheureuse. Vous croyez peut-être que ce sont là tous mes crimes envers vous. Sachez de plus, sachez que c'est moi qui étoit cet Achénoh qui vous a retiré des flots, & conduit dans sa cabane

cabane champêtre.--Quoi ! c'eſt vous, s'écrie Miſogug, qui étiez ce pêcheur, mari d'Altéma, dont les ſecours obligeans..... Il ne vous manquoit plus ; pour mettre le comble à vos procédés envers moi, que de m'avoir ravi la ſeule femme qui fût digne de mon hommage, & la ſeule, de votre propre aveu, qui, après s'être corrigée de ſon orgueil, pût rendre ſon époux heureux, & je vois bien que je vous ai toutes les obligations enſemble. —Vous ne croyez pas, répliqua Itochipul, dire la vérité en me parlant de la ſorte. C'eſt ironiquement que vous me rappellez les ſervices que je vous ai rendus ; mais ils ſont réels plus que vous ne penſez, & vous allez vous repentir d'en avoir ſi peu de reconnoiſſance. Cette Altéma qui vous a paru ſi vertueuſe, après avoir dépouillé ſa ridicule hauteur ; cette Altéma qui avoit l'air de n'aimer que moi, m'a trompé plus cruellement que vous venez de l'être par votre épouse, & ne l'auriez-vous pas été ainsi que moi, si vous lui eussiez donné la main. — Quoi! cette irréprochable Altéma, ajouta Misogug, a pu vous traiter plus mal que je viens de l'être par une perfide? — Oui, continua Itochipul; & ce qui doit vous consoler un peu, c'est qu'elle a persisté dans sa trahison, & qu'il n'est pas assuré que votre Naïrzebah ne se repente point de la sienne, & qu'elle ne revienne point à vous plus tendre & plus fidelle que jamais.

On ne trouve point, sans quelque plaisir, un compagnon de son infortune. Misogug voulut savoir de quelle manière la divine Altéma avoit blessé le nœud conjugal, & l'Archi-mage s'empressa de lui raconter qu'un jeune Jardinier, non moins bien tourné que le Sculpteur de la Taprobane, avoit l'habitude de porter, tous les matins, un bouquet à la belle Altéma; qu'elle y avoit fait peu d'attention dans les commencemens ; que peu-à-peu elle avoit été ſenſible à cette galanterie délicate, & qu'enfin pour récompenſer le Jardinier de ſes fleurs, elle lui avoit livré toutes celles que récéloit ſon ſein d'albâtre. Voyant que je ne pouvois point la guérir de cette folle paſſion, ajouta Itochipul, & que j'en ſerois peut-être venu à des extrémités dangereuſes, je l'ai laiſſée un beau matin avec celui qu'elle m'a préféré, & ſuis venu à Babylone, maudiſſant les femmes à votre exemple, & jurant bien, ainſi que vous, de ne plus en aimer aucune, non toutefois que je ne pardonne point à ce ſexe d'avoir quelquefois des foibleſſes, mais parce que je commence à être vieux, & que la retraite eſt maintenant tout ce qui convient à mon âge. Ce récit & les réflexions dont l'accompagna Itochipul, firent rêver Miſogug pendant quelques inſtans ; puis, rompant tout-à-coup le ſilence, vous ne croyez donc point, s'écria-t-il douleureuſement, qu'il y ait des femmes parfaites? Des femmes parfaites, reprit l'Archimage? Pardonnez-moi; il y en a, & j'en ſais une qui n'eſt pas loin d'ici, & qu'il faut que je vous faſſe connoître. Il dit, & s'avançant vers une eſpèce de niche que couvroit un grand rideau à franges d'or, il le tire, & montre à Miſogug une belle momie d'Égypte repréſentant une femme, & admirablement bien conſervée. Tenez, ajouta-t-il avec un ſourire, en voilà une parfaite, s'il en fut jamais : aimez-là, & je défie que vous ayiez à vous en plaindre.

CONCLUSION.

MISOGUG comprit vîte le ſens de ces derniers mots, & l'Archi-mage le voyant un peu appaiſé : Allez, dit-il; retournez auprès de votre femme : elle n'eſt point parfaite ſans doute;

mais quand je vous ai prédit que vous en trouveriez une qui vous rendroit heureux, c'eſt elle que je déſignois; & je prétends encore qu'elle eſt la plus vertueuſe de toutes celles que vous avez connues, & la ſeule peut-être qui fût digne de vous fixer. Elle a eu un moment d'erreur; mais les femmes ſont-elles des divinités pour ne jamais commettre de fautes? N'ont-elles pas, comme nous, des ſens qui les égarent, des paſſions qui les tyranniſent, & un cœur qui les fait ſuccomber? La vôtre eſt née tendre & ſenſible; mais elle eſt honnête: je parie qu'elle ſe déſole, & qu'elle gémit d'avoir ceſſé de l'être un inſtant. Allez ſoudain la retrouver, vous dis-je; & au lieu de vous plaindre d'elle, au lieu de la menacer d'un châtiment, raſſurez-là, conſolez-là, tâchez de la reconcilier avec elle-même, & vous la reconcilierez avec ſes devoirs; n'oubliez jamais enfin que les femmes ſont de jolis papillons qu'on ne peut retenir & lier qu'avec des filets de soie; que, si on veut leur donner de grosses chaînes, elles les brisent malgré leur foiblesse, & prennent leur volée pour ne plus revenir; la violence les aigrit, les irrite & les perd : il n'y a que l'indulgence qui les ramène.

Ce sage discours acheva de calmer Misogug; il retourna aussi-tôt auprès de sa femme, & la trouva dans les larmes & le désespoir. Honteuse de sa faute, elle auroit voulu que la terre s'entr'ouvrît & l'ensevelît dans ses abîmes, pour la dérober à tous les regards. Misogug voyant le remords si bien peint sur son front & dans tous ses traits, se mit à pleurer avec elle, au lieu de lui faire des reproches; il essuya lui-même ses joues vermeilles que ternissoient les douleurs; il l'assura sur-tout qu'il l'estimoit toujours, & la ramenant ainsi à l'estime d'elle-même, il rétablit peu-à-peu le calme

& la sécurité dans son cœur. Le jeune Sculpteur fut prié de ne plus revenir, ou plutôt Misogug laissa à Naïrzebah la liberté de le revoir encore. Elle jura qu'elle aimeroit mieux la mort; & portant une main irritée sur le buste fatal qui avoit causé son malheur, elle alloit le mettre en pièces; mais Misogug s'en empara aussi-tôt, & le serrant contre son sein, il le couvrit des baisers les plus tendres. Combien il doit m'être cher, dit-il! c'est à lui que je dois le bonheur de retrouver une épouse plus vertueuse; elle n'auroit point failli sans cette image de ses traits enchanteurs, & je ne l'aurois point vu se relever d'une chûte où tant d'autres auroient péri. Le fils de Naïrzebah vint rendre encore cette scene plus touchante: il avoit vu les larmes de sa mère; il les essuya avec ses petites mains. Misogug le prit dans ses bras, & les caresses qu'il lui fit achevèrent de lui rendre le cœur de son épouse. Misogug fut heureux enfin ; il le fut par une femme, comme on le lui avoit prédit, & il se répétoit souvent à lui-même : Alloyo n'avoit point tout-à-fait tort en m'exhortant sans cesse à me défier des femmes, & Itochipul n'avoit point tout-à-fait raison en m'assurant que j'en trouverois une qui n'auroit que des vertus. Heureusement que sa belle momie d'Égypte m'a éclairé, & qu'elle a répondu à toutes les objections que je pourrois encore lui faire.

BIBL. ROYALE

FIN.

www.ingramcontent.com/pod-product-compliance
Ingram Content Group UK Ltd.
Pitfield, Milton Keynes, MK11 3LW, UK
UKHW020212250726
13967UKWH00003B/1426

9 782013 046541